編集者という病い

見城　徹

JN264258

集英社文庫

他のあらゆる争いや戦いと違って、前提条件となるのは、
勝者に何ものをも与えぬこと――その者にくつろぎもよろこびも、
また栄光の思いをも与えず、さらに、断然たる勝利を収めた場合も
勝者の内心にいかなる報償をも存在せしめないこと――である。

アーネスト・ヘミングウェイ『勝者には何もやるな』（谷口陸男訳）より

目次

編集者という病い

五人のKと四人のYへ

序章

悲惨の港を目指して

——暗闇のなかでの跳躍《ジャンプ》——

廣済堂出版を経て、角川書店の創刊間もなかった文芸誌『野性時代』の編集者になったのが二五歳、どの作家のところに行っても担当編集者の中では一番若く、みんなから、

「君が一番年下だね」

と言われ、片隅で小さくなっていたことをつい昨日のように思い出します。

オンリー・イエスタディという英語があるけれど、三〇年はあっという間だったなあというのが実感です。何かに追われるように走り続けているうちに、五五歳になってしまった。自分がまだ編集者として現場にいることが信じられない気持ちですが、もうどこにいっても一番年長の編集者であり、自分の人生の幕をどう降ろすかをしきりに考えるようになりました。

現役の編集者であるかぎり自分の本は出すまい、と胸中固く決めてきました。幻冬舎を創立した前後から、数多くの出版社から「見城さんの本を刊行したい」という依頼を受けており、その度に辞退してきました。

そもそも編集者というのは「無から有を作りだす。人の精神という無形の目に見えないものから本という商品を作りだし、そこから収益を上げる」という仕事をしています。

マジシャンであればタネがあるわけですが、編集者はタネがないマジックをやっているようなもので、人の精神から商品を作るという、じつにいかがわしいことをやっているわけです。それを誠実な営みとして成立させるためには、編集者の生き様が厳しく問われるとずっと思ってきました。こちらがどれだけ裸になって真剣に相手と切り結び合えるか、ということが大きなテーマであり続けました。

「これを書かなければ、あなたは一歩も進めないはずだ」

といって表現者たちに迫るためにはまず、自分の生き方が問われているのだと思ってきました。たぶん表現者にとっては一番書きたくないものが、編集者には一番書かせたいことであり、それこそが黄金のコンテンツになると信じて、精神の格闘技をやってきたわけですから、自分が本を出してしまったら、表現者である相手に対して編集者として失礼な所業ではないか。そう考えて、今日まで自分が著者である本を出さずにきました。（NHKのテレビ番組『課外授業　ようこそ先輩』に出演した記録が本になっていますが、NHKが著者だということでOKしました。『見城徹　編集者　魂の戦士』という面映《おもは》ゆいタイトルのものです。）

三〇数年前のこと、新卒として入社した廣済堂出版の一年目に、『公文式《くもんしき》算数の秘密』という当時の大ベストセラーを企画編集しました。リライトも自分でやりました。その本のことを考える度に、それが編集者一年目の本であるとともに、自分の原点たる内容をもっていることに我ながらびっくりしています。それは偶然かもしれませんが、実は僕のその後の道筋を定めるような内容であったのです。

就職一年目のある昼下がり、ガールフレンドと新宿御苑《しんじゆくぎよえん》の前を歩いているときに、正門前に白鳥ビルという雑居ビルがあり、そこの確か奇数階のフロアーに「公文式算数研究会」という看板があるのに気付きました。その時は「クモン」と読めず、「何だろう、このコウブン式算数というのは」と思いました。それから二週間ほどして、新聞の小さな広告に「公文式算数教室指導者募集」とあるのを発見し、白鳥ビルの研究会は独自のノウハウがあり、教室で生徒に教えるフランチャイズの塾を運営しているのだと理解しました。

僕はつねづね、売れるコンテンツ（本であれテレビ番組であれ何であれ）は四つの要素を備えている、その必要条件を満たすものは必ずヒットすると思っています。

①　オリジナリティがあること。
②　明解であること。
③　極端であること。
④　癒着があること。

これは長い編集者としての経験から僕が勝手に結論付けた原則ですが、いま考えてみれば『公文式算数の秘密』はその四条件を見事にすべて満たしているものでした。公文式はそのビジネスモデルがオリジナリティに富み、計算を続けるだけという極端な方法、そして誰《だれ》がどこから見ても分かりやすい明解なノウハウでした。さらに僕が考えたのは、教室があるのなら生徒がいてその父兄がいるはずだから、販売ルートを兼ねた組織ではないか、ということでした。三万部くらい買い取ってもらえないか、父兄に書店で購入してもらえないか、そうすればベストセラー欄に顔を出し、売れ行きに弾みがつくと目《もく》論《ろ》んだのです。それが「④癒着」の内容です。

編集一年目にほぼ初めて作った本に四条件がすべて入っていて、結果、ものの見事に三〇万部を超える大ベストセラーになった。これは自分でいうのも変ですが、もの凄《すご》い始まりだったと思います。売れなければ満足できない。そんな病理を僕は編集処女作から持ってしまったのでした。

そのヒットによって、当時五万人ほどだった公文式算数の会員がまたたくうちに激増し、本部の電話は鳴り止《や》まず、あっという間に急成長して、白鳥ビルから新宿西口の大きな明宝ビルに移り、さらに三井ビルへ、やがて市ヶ谷駅近くに自社ビルを建てることになります。年商六百億を超える押しも押されもせぬ教育産業の大手に飛躍するわけです。

デートで歩いていて、たまたま見つけたビルの小看板が、ベストセラーを生み、公文式の大飛躍をもたらし、その後の僕の運命を決めた。こじつけかもしれないが、そういう始まりであったのです。既にして白鳥ビル時代の公文の首脳陣はほとんど鬼籍の人になってしまいましたが、飛び込み営業マンのようにして「本を出しませんか」と前のめりになって説得をした自分、ノウハウ本の出版などつゆ考えたことがなく不得要領でポカンとした彼らの様子を、まさしくオンリー・イエスタディとして思い出します。

廣済堂出版に入社していきなり三〇万部以上のベストセラーを作ることができて幸運だったのですが、間もなく、企画ものや実用書だけではもの足らなくなり、文芸出版に関《かか》わりたいと熱望するようになりました。もともと小説が好きだったこともありますが、今は芥川賞《あくたがわしょう》作家の高橋三千綱《たかはしみちつな》との出会いがきっかけでした。

それはこういう経緯です。

その頃《ころ》の高橋三千綱は東京スポーツの記者をやっていました。僕が担当した『10万円独立商法』という本があってそこそこ売れたのですが、突然、編集部に東京スポーツの高橋という男から電話が入り、是非取材したい、本のパブリシティになりますよ、という。いま考えるとどんなパブリシティ効果があったのかはなはだ疑問ですが、三宅竹松《みやけたけまつ》というお目出たい名前の著者のインタビューを載せて本の紹介をデカデカと紙面でやってくれる、そういうことなので話に乗りました。それが彼との「馴れ初《なそ》め」です。

それからしばらくして、朝日新聞を見ていると、「高橋三千綱氏、『群像』新人文学賞受賞」という記事が写真付きで出ていました。アレっと思って小さな写真をまじまじと見ると、どうもあの東京スポーツの記者のようだった。で、すぐに受話器を取って東京スポーツに電話して、

「朝日の写真はあなたですか?」

という間抜けな質問をしました。

「そうです」

ぶっきらぼうな返事が返ってきて、じゃあ、お祝いをさせて下さい、という話になりました。以来、毎夜毎夜、新宿周辺を飲み歩き、親交を深めていきました。その夜毎《よごと》の付き合いのなかで、中上健次《なかがみけんじ》とか立松和平《たてまつわへい》、つかこうへいなどの若手作家たちと知り合い、自分の中で文学と文芸出版への想《おも》いが膨らんでいったのです。小説を書きたいという夢もあったのですが、この世界や社会に対して折り合いのつかない強烈な違和感を持ち、文字表現の世界を創《つく》ることによる自己救済への止み難い魂の衝動そのものというべき中上健次たちの姿に接して、自分にはとてもそんな強靭《きょうじん》なパトスも違和感もない、だけど、本物の表現者たちと仕事をしてみたい、表現という魔物に触れていたいと思うようになりました。企画ものの編集に明け暮れている廣済堂での仕事では自分が落ち着かない、時間を空費しているような気持ちをいだくようになったのです。彼らを刺激す

る触媒の役割を果たしてみたい、作品をプロデュースするような仕事をやってみたい、そういう熱い想いが止み難くなったのです。

やがて間もなく角川書店にアルバイトでもぐり込むことになるのですが、その時に、僕が相談したのが今は太田出版の社長であり、この『編集者という病い』の編集も担当してくれた、親友の高瀬幸途です。当時、高瀬は海外翻訳権の代理店に勤めていて、その伝手《つて》で角川書店を紹介してくれたのです。

その後、角川書店で正社員になっていくためには、高橋三千綱が一役買ってくれました。

「野性号」と名付けた古代船を造って『魏志倭人伝《ぎしわじんでん》』にのっとって釜山《ふざん》から博多《はかた》までを航海するという角川春樹《かどかわはるき》社長の企画があったのですが、その古代船に角川春樹社長とともに乗り込んでルポルタージュを書くという厄介な仕事をしぶしぶ、ほんとうにしぶしぶ引き受けてくれました。三千綱のその労苦のおかげもあって、無事、角川書店の正社員になれたのです。その後、彼には山ほどのわがままをいわれても、精一杯尽くして応《こた》えてきたつもりです。

そこから僕の文芸編集者人生が始まるとともに、編集者としての病いも深まっていくのです。なにしろ、角川書店で最初に担当したのは文芸誌『野性時代』の連載で、森村《もりむら》誠一《せいいち》の『人間の証明』という、やがて角川春樹社長の手で映画化され四百万部の大ベストセラーとなっていく作品ですから、運命の歩みは加速していかざるを得ませんでした。公文式の看板を見たのも偶然だし、高瀬や三千綱に会ったのも偶然だし、角川春樹社長が「この人は爆発的に売れる作家になるから」といって森村誠一さんを担当させてくれたのも偶然です。この三〇数年を逆回しにして振り返ると、その時の偶然の連なりの一つ一つが僕に「ドラマチックの極限」を選択させてきたのだなあ、と自分の不思議な運命に我がことながら驚嘆します。

そのドラマの連続を担い続ける僕の肉体と精神は、日々引き千切られるような重圧下にあったような気がします。会社の機構という制約もさることながら、相手が作家であれ詩人であれスポーツマンであれミュージシャンやタレントであれ、毎日毎日一年三六五日、ずっと精神のデスマッチを続けてきました。一人二人の相手ではなく、少なくとも百人ぐらいの表現者リストが頭の中に四六時中あったのです。まさに「病い」と「闘い」の日々でした。その頃から筋金入りの不眠症だったし、トラブルの連続で発狂寸前が当たり前の状態でした。表現者との精神的道行きを編集者として続けるわけですが、道行きというからにはその行き先は地獄でしかなく、天国ではあるはずもない。けれども表現にとっては、地獄こそが黄金の地なのですから、まさに引き裂かれる日々です。

ランボーが『地獄の季節』の中で、

「秋だ。俺《おれ》たちの舟は、動かぬ霧の中を、纜《ともづな》を解いて、悲惨の港を目指し、焰《ほのお》と泥のし

みついた空を負う巨《おお》きな街を目指して、舳先《へさき》をまわす。」（『別れ』小林秀雄《こばやしひでお》訳）
と詩《うた》っていますが、それこそが表現と表現者の掟《おきて》であり、行動規範だと思います。安全な港でなく、悲惨の港を目指す、その悲惨が黄金に変わる瞬間、その誕生の場に立ち会うことが僕にとって何ものにも代えられないエクスタシーなのです。それこそが僕の考える編集者の正しい病いというべきものです。

なぜ今回、自分の本を出版すると決めたのか？ 現役であるうちは本を出さないと決めていたにもかかわらず、敢《あ》えてその禁を破ったのは、こういうことです。

編集者として三〇数年という時間を生きてきて、自分の人生の大半は終わってしまった、あとはどう死ぬかだなあ、というセンチメンタルな想念に胸を鷲《わし》づかみにされるようになったのです。本当に人生なんてあっという間です。高校一年生の自分には三年後の大学入試はすぐにきたし、今であれば一年後の人間ドックもすぐにくる。そんな風にして還暦も自分の死の瞬間もすぐにくるはずです。今日生まれた赤ちゃんたちであれ、百年後には誰も生きていない。生きとし生けるものの定めが厳然とあって、僕の死んだあとの百年後も千年後も一万年後一億年後も必ずやってくる。しかし当然だけれど、そこに自分はいない。死ぬことは生まれる前に戻ることだと思っています。一億年前も千年前も確実にあったけれど、自分はいなかったのですから。平安時代の青年がいつか自分は死ぬんだと涙したその時から一瞬の後に「この今」に繫《つな》がる、という想いが自分の胸のうちに溢《あふ》れてきます。それと反対に、人が不死であれば、人生の問題や生きる悩みなどは本質的に消えてしまうはずです。永遠に生きる存在にとって、生老病死や恋愛の悩みや妄執は消滅する。人は一回かぎりの人生をかぎられた時間の中で生きるからこそ、苦悩と葛藤《かっとう》と闘いが不可避となるのだと思います。そこにこそ感動・官能・絶望・切なさなどの情動のすべてが生じてくると同時に、救済としての表現が要請されるのだと思います。

『ベルリン・天使の詩《うた》』というヴェンダースの映画がありました。その中で天使は生きるという営みに参加しない認識者として描かれます。ベルリン二千年の歴史と人々の喜びと悲しみを、ただ見続けている認識者であるかぎり、永遠の生は保証されますが、決して感動したり葛藤することはない。ですから、そのシーンはモノクロームで描かれます。しかし天使は、地上の女に恋をしてしまう。傍観者であることをやめて、他者と関係することを望んでしまう。つまり、生きようと欲してしまうのです。一回だけの有限の人生であっても、そこに絶望や苦悩が待ち受けていても、彼は平穏無事な認識者であることを止めて、傷つき、血を流す実践者であることの道を選ぶのです。そこからはカラーで描かれます。つまり、彼は何が待ち受けているかわからない短い人生を生き始めるのです。天使から人間に変わること。認識者から実践者になること。それを柄谷行人《からたにこうじん》は「暗闇《くらやみ》のなかでのジャンプ」と呼びました。

沢木耕太郎《さわきこうたろう》の『深夜特急』もまた、「暗闇のなかでのジャンプ」を描いた作品だと僕には思えます。二六歳の著者はインドのデリーから乗合いバスを乗り継いでロンドンに至るという無謀な試みに挑戦します。香港《ホンコン》から始まる一年をかけたその旅は暗闇のなかでのジャンプの連続です。おそらく、すぐれた認識者であった著者は、旅の中で外国と外人という文字通りの〈外部〉を身をもって体験していくのです。それは今までの人生を脱獄する旅であり、天使から人間になろうとする旅であると僕には読めました。かつて天使でなかった人間などどこにいるというのでしょう。「暗闇のなかでジャンプすること」。その精神の軌跡が読む者の胸を撃ち、このノンフィクションを第一級の文学作品にしていると、僕には思えるのです。旅の間中、その漢詩集を携えていた唐《とう》代の虚無と幻想の詩人、李賀《りが》を「二七歳で自身を滅ぼすことのできた」と表現し、長い旅の最後の一行で、ロンドンから日本の友人たちに向けて「ワレ到着セズ」と電報を打つ真似《まね》をする著者の気持ちを、僕も解る、と言うのは言い過ぎでしょうか。とりわけ地中海の船上で手紙形式で綴《つづ》られた「絹と酒」という章は、それまでの章とは違って、著者の人生への心情が直接的に表出していて、印象的です。

生きることは暗闇のなかでのジャンプの連続だ。そう思って僕も編集者としての長い旅を生きてきたような気がします。その延長線で、情動と救済の表現に関わり続けていく。その表現のみが苦しみを和らげ溶かしてくれると信じてきたからです。

表現というのは、非共同体であること。すなわち個体であることの一点にかかっていると思います。イエスの喩《たと》えの中に羊というのが出てきますが、僕は百匹の羊の共同体の中で一匹の過剰な、異常な羊、その共同体から滑り落ちるたった一匹の羊の内面を照らし出すのが表現だというふうに思っています。そのために表現はある。ですから、共同体を維持していくためには、倫理や法律や政治やそういうものが必要だろうけども、一匹の切ない共同体にそぐわない羊のために表現はあると思っているわけです。

医者の注射でなおるのなら医者へ行けばいい、薬でなおるのなら薬局へ行けばいい。自然科学や社会科学で対処可能なら科学を学べばいい。エレクトロニクスが解決してくれるなら、それに頼ればいい。しかし、有限の一回かぎりの人生しか生きることができず、時と場所と共同体を選べずに生まれてくるという条件のなかで、表現でしか救えない問題を、この世にたった一人しかいない個体としての人間は背負っているのです。

五〇歳代の半ばを超え、死の瞬間が確実に近づいていることはよく分かります。三〇年前のことや二〇年前のことをオンリー・イエスタディとして思い出せるけれど、肉体は確実に衰えています。いまいましくも、その事実をよく承知しています。自分の人生はとりあえず七〇年、そう勝手に決めています。残すところもう一五年もない。その時が一瞬の後のように到来するでしょう。夏休みもあと一〇数回、ゴールデンウィークも一〇数回、お正月も花見もそうだ。だから一回一回を真剣に生きようと思うけれど、そう思えば思うほど、センチメンタルな感情がこみ上げてきて、涙が出てきてしまう。涙で目がかすむ回数がとみに増しています。

　高瀬という男と知り合い、協力を得て角川書店に入り、高瀬とはよじれあうように生きてきて、ここ一〇年ほどは頻繁に会うこともなかったけれど、お互いの人生の重大な局面にお互いがその場にいたという想いがあります。時にトラブルや一人の女性を奪い合ったこともあったけれど、厚い信頼の関係に支えられて、高瀬がいたから僕の仕事と人生がやりぬけたのだとしみじみ思います。僕の本を出す気があるかい、と何気なく彼にいった時、思いがけず、彼は編集者の仕事としてその本を最後の本にしたい、と答えてくれました。高瀬以外には頼むつもりはなかったのですが、その返事を聞いてオセンチではあるけれど、「だったらこれは出すべきだ」という確信を抱いたのです。

　この本は現役編集者としての総決算であり、編集者という病いを背負った人間の総決算でもあり、だから僕の人生の総決算なのだと思います。僕は自分がどう生きるかという形でしか仕事をしてこなかった気がします。日々ぶち当たる問題や難関との格闘や恋する女性への想いの一つ一つが、自分の作った本の中に反映され刻印されているはずです。僕が生きていることの証明として、七転八倒や歓喜や絶頂や僕の涙が染み込んでいるわけです。表現者の精神の世界を本という形にし続けたのですから、その本にわずかであっても僕の手形が残っているはずです。

その総決算の自分の本を、長年支え合った高瀬が最後の仕事として担当してくれるのだから、僕もここで一段落という区切りをつけ、来し方へ想いを沈めてみようと決めました。それは許されるのではないか。僕はこうやって生きてきた。高瀬よ。君の人生はどうだったのか。

三〇年前、君は突然に誰からも消息を絶った。かつて君が所属していた非合法革命党派の指令で地下に潜ったとか、様々な推測が流れたが、三年後、君は戻って来た。君は一体、何をしていたのか。君は今も語らない。君もまた、君の『深夜特急』に乗っていたのか。そして「ワレ到着セズ」と君もまた心の中で呟《つぶや》きながら、この世間で生きるという営みに折り合いをつけたのか。

戻って来たその日、待ち合わせた神保町《じんぼうちょう》の街角で君は軽く左足を引きずりながら、かすかに笑みを浮かべて、逆光の中をゆっくりと僕の元に歩いて来た。あの光景を僕は絶対に忘れない。

この本を最後にして高瀬は編集者を辞めるばかりか、社長の座も退くと聞きました。

もう一度、言わせてくれ。高瀬よ。僕はこうやって生きてきた。

いや、こうやってしか生きられなかった。
君はどうだったのか。君の最後の仕事がこの本であることを僕は誇りに思う。
そのようにして、『編集者という病い』は、今ここに、在る。

第一章

SOUL OF AUTHOR

傘をなくした少年　尾崎豊

――発言年二〇〇一年

新宿の雑踏のなかで体内に戦慄《せんりつ》が走った。男は歩みを止めた。レコード店から流れていたのは『シェリー』という曲だった。その後、同じように胸を抉《えぐ》られた『スクランブリング・ロックンロール』という曲も、同じ青年が歌っていることを知った。尾崎豊《おざきゆたか》というその青年は、自ら曲を作り、詩を書いていることもわかった。本能的に男は、将来自分は必ずこの青年と活字で仕事をする、そう思った。男の仕事のやり方はいつもそうだった。自分を感動させてくれた人と仕事をしたいと願う。早速、事務所に連絡をとる。「あなたで七社目のオファーだ」と言われた。七社目だろうと何だろうと僕は仕事したいんだ、と男は思った。青年の曲を自宅で聴きつづけ、通勤電車の往復時にも仕事で外出するときもずっとウォークマンで聴きつづけた。人の迷惑もかえりみず、『野性時代』という雑誌の編集部内でもガンガン音を鳴らしつづけた。

「すると、やっぱり通じるもんでさ。事務所が一度会わせてくれるっていうわけ。で、今でも忘れないけど六本木《ろっぽんぎ》の『和田門』というステーキ屋に席を用意した。高級な、舌がとろけるようなステーキ屋でさ、僕は気張ったわけですよ。彼は若いから肉もたくさん食いたいだろうな、美味《うま》い肉を食わしてやろうってね。会社（の経費）では落とせないなと思いながら、大枚はたいたよ（笑）。現れたのは非常に白皙《はくせき》の青年で、初めのうちは極端に無口だった。まだ一八歳だったと思うんだけど、そのうち慣れてきたからかなり饒舌《じょうぜつ》になってね。彼を刺激する言葉を吐けなければ、彼は俺《おれ》とは絶対に仕事をしないだろうと思っていたから、曲について詩について、相当突っ込んだ話をしたんだよね。店を出る時には雨が降っていたんだけど、彼が〈ちょっと待ってください、見城さん〉と言って道路に出てタクシーを止めてくれたんだ。そこから付き合いが始まった……。そうこうしているうちに俺より先にオファーしていた出版社を全部すっ飛ばして、俺と仕事をするって決めてくれたんですよ」

男が作った青年の初めての書籍、『誰《だれ》かのクラクション』（角川書店刊）は、発売が一年近く遅れたものの、約束通り、彼の二〇歳の誕生日の前に出版された。書き下ろすことができなかったため、窮余の策で当時地方のラジオ局で青年がもっていた番組で読んでいた自作のストーリーの原稿をそのまま載せた。

男はこの一冊によって、「本」の制度を壊したかった。尾崎豊という感性を生かして、「読む本」ではなく「感じる本」を作りたかった。左開きにしたり、訳の分からない記号や英語や数字を入れたりしながら、男は「感じる本」を作った。『誰かのクラクション』は三〇万部を売るベストセラーとなった。

「でもね、この本が出て二年以上、彼と会わなかったんですよ。出てからすぐに彼はアメリカに行っちゃったんです。露出を全くしないままにカリスマになろうとしていた時期で、忙しかったのもあるんだろうけど、その頃《ころ》はまだ俺も、彼がどんな生活をしているか詳しく知らなかったからね。本が出来上がったときに手渡して、次の作品も含めて今度ゆっくり話そう、と言ったきり、アメリカへ行く一週間前に一度事務所で会ったくらいで、それ以降ずーっと会ってなかったんです。音信不通になって、いつ日本へ戻って来たかも分からない状態だった。次第に、他の仕事で忙しくなって彼のことを思い出すことも少なくなっていた……。尾崎豊のイメージが鮮明に蘇《よみがえ》るのは、逮捕、なんですよ。覚醒剤《かくせいざい》取締法違反で逮捕されたというニュースで、尾崎を鮮やかに思い出すわけ。その一年何ヵ月後に刑を終えて、戻って来た姿をテレビや雑誌なんかで見ながらちょっとは気にしていたんだけど、それでも連絡をとることもなく、音信不通の時間が続いていたんです。彼は結婚し、事務所もやめ、徒手空拳《としゅくうけん》になっていて、でも少しは貯《た》めていたお金の残りがあったのか、奥さんとふたりで新宿のヒルトンホテルに泊っていたんだよね。そのホテルのスポーツクラブで劇的な再会をするわけ。汗びっしょりの尾崎と一時間くらい、床に座って話し続けたよ。その時に彼が吐いたのが〈見城さん、どうしても僕は復活したい〉という台詞《せりふ》だった。〈僕は何もかも失《な》くした〉と。所属のレコード会社も、事務所も金もない、でもどうしても、もう一度ステージに立ちたいと。アルバムムを出したいとうわ言のように呟《つぶや》きつづけたんですよ……」

　男はその頃、『月刊カドカワ』という雑誌の編集長を務めていた。彼はそんな自身に対して腐っていると思っていた。三〇歳代も後半に差しかかり、地位も上がり面倒な企画には顔を突っ込まない、難しい作家にも会わない、雨が降れば週に二回は行っていた映画や芝居、コンサートにも行かない、そんな風に変わってしまった自分に情けなさを感じていた。尾崎の復活に俺の編集者としての復活も賭《か》けてみよう、目の前にいる、肉がたるんだ白髪混じりの荒れ果てた姿に変わってしまった青年の言葉に耳を傾けながら、そのときふと男は自分を重ねた。

　完全にサラリーマンの域を逸脱していた。専属トレーナーのようになって男は青年をサポートした。トレーニングメニューを書き、不動産屋をまわり、金を集め、人を集め、青年を社長にした「アイソトープ」という個人事務所まで設立した。雑誌の編集長の範《はん》疇《ちゅう》を越えていた。バレたらクビだった。さらに男は、何年も活動していなかった青年の総力特集を『月刊カドカワ』のなかでやった。当時、『月刊カドカワ』の総力特集に選ばれるのは、トップグレードまで来ている現役バリバリのアーティストばかりだった。それを男は強引に「尾崎豊　沈黙の行方」というタイトルをもって青年を表紙に起用し、大特集を組んだ。復活も遂げていなければ、アルバムも出ていない状況で。

「それがさ、俺が七年半編集長をやっていたなかで、一番返本率が少ない号になったの。九万部刷ってほとんど完売。返本は、キズモノとして返ってくる三パーセントとか四パーセントほどだった。そういう特集をやりながら『黄昏《たそがれ》ゆく街で』という連載小説も始める、連載小説をしながら同時に短編小説を載せたり、インタビューを載せたりグラビアを載せたり、もう滅茶苦茶なことをやったわけ。『白紙の散乱』という、自分の詩と自分で撮った写真で構成する連載を始めたりさ。彼が常宿にしていたヒルトンホテルと俺のマンションはクルマで五分くらいだったから、毎日のように俺のところへ来るわけですよ。そんな風にふたりではほとんど共同生活みたいな日々が始まったんだよね」

この時期から、青年の不安定な精神状態が再び牙《きば》を剝《む》きはじめる。まだ自らが作り出す曲によって完全復活を遂げたわけではなかった。精神が乱れてくると、結構な事件になってしまうことが多かった。ちょっとした動作で相手が信じられなくなったり、ちょっとしたセリフで相手につかみかかろうとしたり、そんなことも珍しくなくなり、男にとって疲れる時間も出てきた。しかし……。

「しかし、彼の作り出すものはすばらしい作品だったから、俺はどんなに辛《つら》くても尾崎と切り結んでいこうという想《おも》いがあった……。彼にとって気が休まる日がないのは、あまりにも音楽業界の渦に巻き込まれ過ぎたからなんだよね。彼は金のなる木だった。麻薬を渡すことによって彼をコントロールしようとする人間が出てきたり、ステージに立たせるために嘘《うそ》をついたり、いろんな策を弄《ろう》して、レコード会社を移籍させたりするわけですよ。約束が守られなかったりするうちに、彼は常に音楽業界は自分を搾取すると思い始めた。みんなが俺を騙《だま》すという、疑心暗鬼の孤独な状態にあったんですよ。すべてはアメリカに行ってから狂い始めている。金銭的なトラブルが原因で人を疑い始め、ますます薬にのめり込む、そんな毎日だったと思う。日本に戻ってきて、刑期も終えて、なんとか復活しようとしても今度は蜘蛛《くも》の子を散らすようにみんな去っていってしまって……。そういう中での事務所設立だったわけです」

男と青年は、復帰アルバムを作るにあたり、その再起にふさわしいタイトル『誕生BIRTH』をもって市場に殴り込みをかけた。四年間の沈黙のなかで眠っていたものが、ダムが決壊したように二枚組のアルバムのなかですべて噴出した。ほとばしるように音を作り、詩を書くときだけが唯一青年が救われる瞬間ではないかと男は感じていた。

青年には、頼れる人間がほとんどいなくなっていた。事務所のアルバイトの人間が郵便局にまとまった封書を出しに行くときにも、青年は同行した。「そんなのアルバイトに任せておけばいいじゃないか」と男が言うと、「郵便切手代を誤魔化すかもしれない」そう真顔で答えた。そんなとき男は、裏切られつづけた青年の哀《かな》しい歴史を見た気がした。

「みんな上手《うま》いこと言って結局は自分を騙したという被害妄想だけがどんどん膨らんでいく。自分に接触する人は全員自分を騙すってね。彼は『ＢＩＲＴＨ』を作りながら、その道をどんどん走った。とにかくスタジオの中で暴れたり、バックミュージシャンと大喧嘩《おおげんか》したり、それが毎日ですよ。スタジオを出ていきなり自動販売機に殴りかかって拳《こぶし》を血だらけにしたりね。そうやって『ＢＩＲＴＨ』はできていった。そういう中で俺たちは、このアルバムが一位をとらなければ意味がないとお互いに復活を約束しあった。そして発表の二、三日前にオリコン一位が判ったときには、二人で抱き合って泣いたね。俺だってほとんど尾崎としか関《かか》わっていない日々だったから、他のアーティストや他の作家のことはおろそかにしていたんですよ。でも、それでいいと思っていた。そして約束通り一位になった。筆舌に尽くしがたい感動だよ。尾崎に震えながら電話したら、彼も電話口で震えている。はっきり息遣いでわかるんだよね。〈下のバーで待っている〉と告げるとやがてホテルの部屋から尾崎が降りてくる。バーから見えるんです、エレベーターが。彼がバーに入ってくる。入ってくるなり泣いて俺に抱きつく。俺も彼を抱きしめて無言で喜び合う。復活を実感しながら……。それからしばらくして『ＢＩＲＴＨ』のツアーが始まるわけですよ」

四〇数本という復活ライブ・ツアーが始まった。すると青年は男にこういう要求を突きつけてきた。「全部、来てくれ」と。リハーサルが終わる前に会場を出て帰宅すれば、翌朝にこんな電話が入る。「見城さん、あなたとはもう仕事ができないかも知れない」と。

「それは彼の、自分だけを愛してくれという甘えだと思うから、こっちもガマンする。連載もあるから、止《や》めるわけにはいかないじゃないですか。今さらというのもあるし、それにやっぱり彼には一位を獲《と》るだけの底力があるわけで、こっちとしても商売を考えたって今別れるわけにはいかないと思ったんだよね……。本来は、復活劇がなった時点できれいに撤退しているのが俺は一番美しいと思うんだけど、尾崎の場合はそれができない状況になっていた。横浜アリーナで四日間ライブをやって、次は大阪へ行くわけですよ。俺も当然行くんだけど、どうしても仕事の都合で二日目に帰らなくてはならない。会社に戻って、席に着いた瞬間に尾崎からの電話が鳴るんです。電話に出ると、〈どうして帰ったんだ〉と言う。〈俺は見城さんの愛情が俺ひとりに向くまで、もう一回俺に向くまで、『黄昏ゆく街で』の連載を書かない〉とね。その連載は、あと一回で最終回だったんですよ。ところが、書かないっていうんだよ。〈最終回を人質にとります〉と言ってガチャンと切るわけ。結局、連載は途中で終わるわけだけど……。そういうことの連続ですよ。コンサート後の打ち上げなんかでも、店にあったギターを叩《たた》き割ったり、イスを投げたり、一緒にやっているツアーミュージシャンたちも、終《しま》いにはやってられないわけですよ。できるだけ早く帰りたいとみんなが思っていた。何を見ても、尾崎が破滅に向かって走っているのが分かる。彼はそのままの精神状態で、復活第二弾の『放熱への証《あかし》』の制作に入っていきましたね……。尾崎豊って、自分がこの人とは切り結んだと思えた人に対しては猛烈にワガママ。猛烈に自分勝手なんですよ。ところが、初めて会った人に対してはもう、ウソみたいに低姿勢なんです。たとえば、〈あ、どうも尾崎です。どうもありがとうございます〉なんて言いながらインタビューが始まる。で、そのうちに自分がこの野郎許せないと思い始めると、その場でテーブルを全部ひっくり返して終わりにする。常に尾崎には、軒先で傷ついた羽を休めながら小刻みに震えている繊細な自分と、一度切れるとどんなものにも殴りかかり食いついていく凶暴で獰猛《どうもう》な異物を背負った自分がいた。それが交互に現れる。傷ついた羽を休めながら小刻みに震えている尾崎というのも、また逆の意味でどうしようもなく相手を拒絶している。どっちにしても彼が心休まる場所なんか、ほとんどない。陰の部分も陽の部分も、静の部分も動の部分も常に相手を拒絶している。信じられないわけですよ、相手を。善意にとれないわけですよ、すべてを。『放熱への証』を作っていく過程で、デビュー以来連れ添った音楽プロデューサーになんくせをつけて訣別《けつべつ》する。今度は、長年、常に味方でいてくれたアート・ディレクターに対しても、ジャケット写真のことで絡んで、サングラスをかけたままチンピラみたいな台詞を吐いて、全部ゼロにしちゃうわけ。最後には俺にもつっかかってきたんです。こっちもギリギリの所でやってるから、地獄の道行きはこれくらいにしたいと半分は思っていたわけで、それを彼は分かるから、ますます逆に出てくるわけだよね。見城さん俺を見放さないで、という方向には出ないんです。攻撃に出てくる。だから俺も耐えきれずに〈お前とは二度と付き合わない〉という形で訣別した……。その三人を失くした時点で、彼には信用できる人は誰もいなくなったんですよ。その三人が最期の砦《とりで》。バックミュージシャンも次々と変わる。事務所の副社長も次々に変わっていく。そのうちお母さんが急死する……。三人もいなくなった。そういう中で彼は何を思ったかというと、自分が死ぬ、そのパフォーマンスを見せれば三人が戻ってきてくれると思ったんだよ。俺はそう思う。意識が混濁した中でそう思いながら、本当に死んじゃったんだよね」

　青年は、死の三週間ほど前に一度、男に電話をかけている。明け方朝五時すぎに男の部屋の電話が鳴った。男は電話をとった。決裂してるにもかかわらず、青年は男にこう言い放ってくる。

「見城さん、レコード会社を作ってください。見城さんだったら作れるでしょ。僕は今のレコード会社が信じられない」と。

　男は、青年がレコード会社と大もめにもめていたことを知っていた。しかしもう二度と付き合わないと心に決めていたので、「何言ってるんだ。今さら俺に電話かけてきて何言ってるんだ」と突き放して電話を切った。その三週間後に青年は死んだ。もう終わってしまったことだ。しかし、男のなかに後悔の気持ちが残る。なぜあのとき、「今から来いよ」と言ってやれなかったのかと。

「彼自身、自分は長く生きられないと感じていたと思う。だから人の一〇倍の早さで生きるように、感情も行動もあまりにも性急で、だから俺のワガママを許してくれ、俺のデタラメさを許してくれというふうに叫んでいたように今となっては思う……。酒は浴びるように飲んでいた。もう抑制がきかないんだよね。正体をなくすくらい飲むんですよ。元の事務所の社長を刺しに行くと言って車に乗って出かけて、その人が居るバーのドアに着いた瞬間に、ナイフを持ったまま気絶しちゃうんだからね。フーッと。小心者なのよ、臆病《おくびょう》なのよ。あんなヒリついていたヤツ、見たことないよ。だから尾崎と関わった人間って、どこかで自分を狂わしてもいくわけですよね。自分が狂わない限り、尾崎とは付き合えないんですよ。決裂したその音楽プロデューサーが〈尾崎が死んだ〉という知らせを俺によこしたときに、最初に言った台詞が〈見城さん、悲しいけどなんかホッとしましたね〉だったからね。でも、それは全然非難されるべきことではなくて、全身全霊を尾崎に捧《ささ》げてきた俺と彼にとっては実感なんだよ。二〇いくつかの若者が、〈僕を安全パイにしないでくださいね、僕はいつも見城さんの不安をかきたてますよ〉なんて言うんだよ。彼が俺に突きつけてきたことって、その時は辛くて辛くてしょうがなくて、逃げたくて逃げたくてしょうがなかったことだけど、すごくいい試練だった。

その試練がいまの俺の血となり肉となっていると思う。彼は常に人に踏絵を要求するんだから。それはたったひとつですよ。〈あなたは尾崎豊ひとりだけを愛してくれますか〉という試練を常に問うんですよ。辛いよ。彼の言った台詞や彼のとっている行動によってこっちが突然不安な感情に襲われて、何もできなくなることはしょっちゅうだった。彼が突きつけてくる踏絵はいつもその人にとってのギリギリの選択だったからね。たったひとつ、僕だけを愛してくださいという単純なことから発しているにもかかわらず、相手の人生のすべてを問うようなことが起こるのよ。出発点はそれだけだけれど、形を変えていろんな踏絵を踏ませるわけだよね。彼が課してくる試練というのは、結構、本質を突いた人生の試練なんですよ。七転八倒しなければ、そして脂汗を流し涙を流しながらやらなければ、仕事は進まないということを俺は尾崎との関わりの日々から学んだ。俺はそれを、内臓で学んだね。そして自分が才能を信じた者との道行きを紡いでいくことは、死ぬほど辛いものだということを身をもって知った。ひとつ間違えれば俺が死んでいたよ。尾崎という男はそういうヤツだった……」

青年には、生きてゆく限り、救いはなかった。それは同時に男の問題でもあり、ファンの問題でもあった。ファンは青年の人生に、生きることは救いがないという自らの叫びを重ね合わせた。青年の死後もアルバムは売れつづけている。青年の詞や曲を、ただその表面だけを見て、アルバムや本を買いつづけているわけではない。新たに生まれてくる世代が、いまなお何故《なぜ》、青年の残したものを買っていくのか、死後も様々なトラブルに巻き込まれている青年のものを、何故買い求めるのか。それは、「救いのない自分を誰もがある時期、必ず身をもって経験するからだ」と男は言い切る。「だから尾崎は永遠なんだ。人が生きていく限り、尾崎は永遠なんだ」と。男にとって、のたうち回ったぶん「尾崎豊」のビジネス面でのあがりはとてつもなくハイリターンだった。『月刊カドカワ』が最終的に実売一五万部までいったのは明らかに青年の力が作用している。『単行本は五冊すべてが三〇万部を超えた。『誰かのクラクション』『普通の愛』『白紙の散乱』『黄昏ゆく街で』『堕天使達のレクイエム』。もう一冊、『フリーズムーン』という写真集も異常な売り上げを記録した。しかし男は苦しかったけれど、数字以上のものを青年との関わりによって得たと思っている。

「何もないときは、のたうち回ってでも仕事をしなきゃいけないわけで、ところが歳《とし》をとったり地位が上がってくると、経験や実績が付着して来たり、それから何々賞をとらせたのはアイツだ、あのベストセラーもそうだって話になってくると、別にのたうち回らなくてもよくなるわけで……。のたうち回るのは苦しくて面倒くさいことだから。でも、それに慣れてきたらどんどん腐り始めていくんだよね。俺はその頃三六、七になっていたから、いっぱい付着してきていたわけだよね、アカが、ゴミが、アブラが、そして自惚《うぬぼ》れが。尾崎にのたうち回されたことによって、それが完全にとれたと思う。角川をやめてこの会社を作ったのも、そこに原点があると思うよ……」

見城徹という傘を失くした結果、青年は子供のように駄々を捏《こ》ねながら死海へと旅立ち、尾崎豊という土砂降りの雨を耐え忍んだ男は、喪失感を抱えながら、まもなく贅肉《ぜいにく》を削ぎ落として新しい航海の旅に出た。

もしも尾崎豊が生きていたならば、という推測はここでは一切成り立たない。

『誕生 BIRTH』尾崎豊

――執筆年一九九三年

『誕生 BIRTH』について書くことは切ない。出来上がるまでの数ヵ月間、尾崎と僕はほとんど毎日一緒にいた。尾崎はあらゆる意味での〝復活〟をこのアルバムに賭けていた。僕もまた、自分が失ってしまった何かをもう一度取り戻すために、編集者としての範疇を逸脱して〝尾崎の復活〟に賭けたのだった。

メロディも詞もダムが決壊したかのように尾崎の臓腑《ぞうふ》からほとばしり出ていた。それは尾崎が耐えなければならなかった沈黙の深さに正比例していて、傍にいる者の胸を搏《う》った。後年、一部で言われているような創作上のスランプなど尾崎には無縁だった。詩も曲も小説も、僕の目の前で次々と生まれていった。ただ創作をする過程の中で、自分を取り巻く環境に対して異常にセンシティヴになってしまうことはよくあった。そういう意味では『誕生』は心地よい緊張と容易ならざる情況を孕《はら》んで進行していったことは事実である。

自らの〝新しい誕生〟を全身全霊で賭けた『誕生』は激しい精神の振幅の中に、尾崎にとって初めてといえるようなある充足を内包している。それは生きとし生ける者すべてに対する哀切な祈りとなって各作品に美しい陰翳《いんえい》を与えている。結婚とそれに続く長男の誕生がこのアルバムに色濃く反映したのであろうことは想像に難くない。妻と子供を通して尾崎はリアリティを持って初めて他の生命体の個的な存在＝他者を認識したのだった。『誕生』がチャート一位になったその夜、待ち合わせた新宿のホテルのバーで、尾崎と僕はビールで乾杯し、人目をはばからず抱擁した。尾崎の目にも僕の目にも涙が光っていた。一位でなければ意味がない、と二人とも思っていた。見事に復活劇の幕は開いたのだった。だが、すぐれた表現者にとって復活は新しい悲劇の始まりでもある。

尾崎の死後、僕が『誕生』を聴くことは、ない。

エクリチュールとステージ　尾崎豊

――発言年一九九二年

彼には「どうしても二〇歳になる前に、本を一冊出したい」という強い希望がありまして、結局は二〇歳になる一ヵ月前くらいにできたのが『誰かのクラクション』という本です。これは、彼が自分の眼《め》に焼きついた街の風景と、自分の心象をダブらせるという方法で作ったんだと思われます。ただ、作品としては、主語を〝彼〟で始めていたのが、突然〝僕〟になってしまったり、〝てにをは〟とかも未熟で、まだまだ一九歳の少年の精神の混沌《こんとん》が残っていた作品でした。いわゆる未完成な作品ではありますが、尾崎君の血の流れとか、吐く息とか、肌ざわりみたいなものはすごく出ていたと思います。やっぱり処女作としては、その後に続く尾崎君の書いたもののすべてが『誰かのクラクション』に入っていたと思います。

尾崎君というのは先天的だと思うんですが、花鳥風月に対して非常に敏感なんですよ。四季折々とか、いわゆる自然の根幹をなすもの――春が来て、夏が来て、秋が来て、冬になり、人が生まれ、少年からだんだん青年になっていって、中年になって、老いて、死んでいく。また、季節、季節に行事があるとかね。いろんな意味で、物語＝メロディーだと思うんですけれど、その「わび」「さび」にすごく敏感なんですよ。だから街の風景をパッと見た時に、それをどういうふうに自分の精神の内部と照らし合わせて、表現していくかということに関しては、天性の才能を持っていましたね。吉本隆明《よしもとたかあき》さんとか、谷川雁《たにがわがん》さんとか、いわゆる現代詩の俊英たちの詩と比べてみても、そんなに遜色《そんしょく》がないくらいにすごいものだと思いますね。

『白紙の散乱』は彼の言語意識というか、天性の勘の良さというのが見事に花開いている作品なんですよね。自分が心を魅《ひ》かれた対象を写真に撮って、その写真を並べながら詩を書くというやり方だったのですが、そのやり方は、自然とか、四季折々、それから時間みたいなものに対する感応力をますます強めた手法だったと思います。彼は、例えば僕が『ランボー詩集』とか、『吉本隆明詩集』とかいうものを「読んでみなよ」というふうに手渡すと、バーっと読むだけなんですが、次の会話から、完全にその影響を受けた言葉、しかし彼らしい言葉遣いが出てくるんですよ。つまり、そこですでに影響は受けているのだけれど、彼のオリジナリティを獲得しているんです。そう言う短いセンテンスに関しては、とんでもない才能があった人だと思います。

特に最後の一年というのは、ありとあらゆることが彼の身の上に起こってきた、と言えると思います。それを自己救済するためには、発作的な言葉を書き記すしかなかったという部分があると思うんです。しかし、それでは単なる日記というか、書きなぐりになってしまうわけです。彼の体内のどこかで行っている浄化作用が、客観化する作業もきちっとできたわけですよね。その発作を一回客観化して、濾過《ろか》する、という中で生まれていった言葉だと思うのですが、それはやっぱり発作が多くないと書けないと思います。そういう意味ではものすごく多い数の発作が『白紙の散乱』をつくる一年なり、一年半なりに起こっていたんだと思いました。そうでなければ、あれだけ痛切でいて、どこか無機的な響きを持っている言葉というのはなかなか出てこないですよ。

詩の才能ということに関しては、僕は「他のミュージシャンとは、ちょっと違うぜ」と、思っていましたが、「小説というのは果たして書けるのだろうか」という疑問がありました。

一番最初に僕のところに送ってきたのが『幻の少年』というタイトルの彼の書き下ろしで、三百枚の構想でした。彼が一番書きたかった小説ですが、結局は最初の部分しか残っていません。それを送ってきた時は、あまりにも観念的で、しかも難解で、僕としては「これでは尾崎君以外の人にはわからないのでは……」というアドバイスをしました。

それからすぐに、彼がどうしても書かずにはおれないという感じで書き始めたものが、『黄昏ゆく街で』という『月刊カドカワ』で連載した小説でした。彼は言いたいことがたくさんあるがために、小説という手法をとると、同時多発的に何もかも書こうとするので、構成がどうしてもいびつになってくるんですよね。そこをできるだけブラッシュ・アップするために、僕としてはずいぶん力を注いだという覚えがあります。

　中上健次という作家の『灰色のコカコーラ』、『一番はじめの出来事』、芥川賞候補にもなった『鳩《はと》どもの家』などの作品というのは、自分が抱えているゴタゴタとか、カオスとか、どうしようもない軋轢《あつれき》みたいなものを、そのまま腕力でもって押しきって書いていると思うんです。尾崎君の小説の一番いいところというのは、中上健次さんに近いところがありながら、彼の生来の繊細さ、どうしようもなく小さな小さなところにまで眼がいってしまうという部分が肌合いとしての彼の中にあって、それが微妙なというか、変なミックスのされ方をして、非常に暴力的なのに、どこか虚無的な独特の文体と作品世界になっているのです。

　彼は常に書いた時点で、その前のことを忘れてしまうんです。今、直面している問題の方が、彼にとってはすごく重要だから、前に書いた部分とつじつまを合わせるということが、彼の精神の内部では、かなり不可能に近い状態になってくるんです。その部分がうまく出た時は、とてもいい一章になってしまったりするわけです。そこを彼と話し合いながら、「ここはこうしなきゃつじつまが合わない」とか、「ここはこのままにすべきだよ」と、やり合うのが僕の楽しみのひとつでもあったんです。と言うのも、彼は毎月作品を持ってくるのですが、その持ってきた作品についていろんな事を言わないと気が済まないのです。自分も決して完全無欠なものを持ってきたとは思っていないんです。自分も毎日毎日葛藤《かっとう》し、苦しみ、変わっているんだから作品もどんどん変わっていくべきだ、というふうに考えていて、「これは昨日書いたものだから、だめかも知れない」という想いが常にあったみたいですね。だから小説に関しては、いっぱい書ける行数がある分だけ何もかも詰め込もうとした、彼の焦りみたいなものが良く出ていますね。『普通の愛』に入っている『変貌《へんぼう》』とか、もうすぐ本になりますけれど『堕天使達のレクイエム』という作品があるのですが、これは何もかもぶちまけるというんじゃなく、どういうふうに窶《やつ》したら自分の一番言いたい世界を作れるかというのがすごくわかってきていたんですよね。窶す、沈黙するという事の深さというのを彼はつかみかけていた時期なんで、死んじゃったんだからどうしようもないけど、ここまで書いていながら、とても残念でならないです。

ステージに立っている彼というのは、当然パフォーマンスを意識していますよね。ところが小説や詩に向かっている尾崎君っていうのは、もう自分の内部の底の底の底を抉り出しているんで、パフォーマンスを意識している暇がないんですね。そこのところがただワープロに向かっているときと、何万人という聴衆を前にして何かをやろうとしているときとは、明らかに彼の中は違っていたと思います。だからもっともっと沈潜しているんですよね。彼にもし躁鬱《そううつ》気質があったとすれば、かなり鬱の状態でしかものが書けなかっただろうし、躁の状態でしかライブができなかったと思うんです。

よく、ミュージシャンは本を書いたりしますけれど、単なるパフォーマンスの域を出ないんですよ。そこが尾崎君との場合と根本的に違っていましたね。だから、彼はどんな表現分野でも、本質の一番根のところに降りていこうとするから、どんどん苦しくなっていくんですね。表現に関してのみ完全主義者であり、どこまで降りていっても満足しない姿勢というのはあったでしょうね。それが彼の命を縮めたという事もあると思うんです。

尾崎君ぐらい「自分をわかってもらいたい」と思って活字で表現し、また、自分が救われたいと思って表現し、しかし彼ぐらい他者に対してどうしようもなく怯《おび》えてしまう人はいなかったと思います。小鳥が何かに襲われて、傷つけられた羽から血を流し、どこかの軒先で羽を休めながら小刻みに震えているという尾崎君と、どうしようもなく獰猛な獣のような尾崎君というものを自分の中でどうやって融合させていくか、ものすごく苦しんだと思います。そこはやっぱり文章にしか出ないと思うんですよ。文字に書かれた表現でしか、なかなか出にくいと思います。

その辺の尾崎君の葛藤とか、苦しみとかを読み取ってほしいんです。それは音楽とは全然違う部分だと思いますから。

再会　尾崎豊

――執筆年不明

早朝のスポーツ・ジムで懸命に走っている一人の青年がいた。ジムの中は彼と僕だけだったし、なによりその走り方に、激しくなにかを叩きつけるようなひたむきさが漂っていて、眠けざましに、ちょっとひと汗という軽い気持ちで出かけた僕の目には、一種異様な光景に感じられた。僕も仕事で半徹夜が続いていて運動不足が頂点に達していたから、少しは走ろうと思っていたのだけれど、その青年の走り方を見ていると、このまなにもしないでサウナへ直行しようという気になった。

突然、走り終わったその青年が汗まみれの顔で僕の方に近づいて来て、懐かしそうに僕の名前を呼んだ。

そう言われても、しばらく僕は茫然《ぼうぜん》とたたずみ、記憶の底をさぐっていた。

「尾崎豊です」

青年は、僕の戸惑いに素早く気付いて、ゆっくりとフルネームを告げた。

五年前、僕は、尾崎豊という一九歳のロックンローラーに没頭していた。

尾崎という僕にとって抜きさしならない存在を、僕は本にしたいと思い続けていた。それは超スピードで変わり続ける彼のあくまで一通過点にすぎないが、その一点でも、印刷物という媒体で表現したいと強く願ったのだった。なにもかもぶち毀《こわ》してしまう彼の存在の仕方にふさわしく、本であるけれども、本の制約からできるだけ遠い本をつくりたかった。個体であることの切なさを、全身で駆け抜けている少年の現在を写真のように僕の魂という感光紙に焼き付けて商品として流通させてみたかった。結果、僕も変わりたかったのだ。僕は僕を変えてくれるもの以外に興味がない。

『誰かのクラクション』とタイトリングされた本は、ベストセラーとなり、その直後、僕は編集長として『月刊カドカワ』に異動した。尾崎もまた、新しい自分を生き始めていた。交信は途絶え、尾崎の行方さえ分からなくなっていた。

再会したスポーツ・ジムから六ヵ月後、『月刊カドカワ』誌上で、『黄昏ゆく街で』と題された尾崎の連載小説が始まった。同時に音楽活動も再開した。傷ついた羽根を休めて小きざみに震える小鳥のような繊細さと、自らの体内に飼う折り合いのつかない獰猛な異物を抱えて、尾崎は再びステージに立つ。その頃には『黄昏ゆく街で』も単行本として書店に並んでいるはずだ。去年と違う尾崎豊の真夏がやって来る。僕も去年と違う自分を求めて、昨日まで居心地がよかったものを必死でぶち毀す。

だから、僕も、『月刊カドカワ』も変わってゆく。

行為への渇望　石原慎太郎

——発言年二〇〇一年

僕は全共闘世代で、当時、河出書房から出ていた石原慎太郎《いしはらしんたろう》の作品集を持ってバリケードの中に入ったら「自己総括しろ」と非難された。その時「これだけ共同体に対して違和感を持ち、それを突破しようとしている個体の文学はないだろう。お前ら自民党の政治家だからって、ちゃんと読まないでものを言うな」とケンカして勝った覚えがあるんです。

『太陽の季節』ほど、その個体の持っている悲しみと切なさと、それから恍惚《こうこつ》、激しさで、共同体の持っている価値観をぶっ壊して出てきた小説はなかった。『価値紊乱者《びんらんしゃ》の光栄』っていう、五〇年近くたってもさびれていない初期のエッセイがあるけれども、そのタイトル通り、価値紊乱者の光栄を担って、彼は出てきたわけですよ。

だから僕は彼の作品を読む度に自分が慰撫《いぶ》され、自分の持っている、ある衝動が昇華されていくのを感じていた。『処刑の部屋』なんて、学生が殴り合い殺し合いをやって、内臓が出てきて、内臓を自分の手で中に入れながら「俺はここから生き始める」とはっていく。それは衝撃的なわけですよ。全部そういう作品なんだから。

　行為する人間が共同体にぶつかり、そこでもがき突破する。それは非常に過剰な何かを内部に抱えてしまっている石原慎太郎が、それを書くことによってしか、自分を鎮めることができなかった。そういう作品群が、ずらーってあるわけじゃない？　それは夢中で読みますよ。小説を読む快感というのを僕は、石原慎太郎の小説で知ったわけです。

　表現っていうのは犯罪に近い行為だと思うんですよ。例えば奥平《おくだいら》剛士《つよし》のテルアビブの空港乱射事件。僕は学生運動の中で、現実の踏絵を踏み抜けなかったっていう劣等感がいまだにある。行為として実践できるかどうかでその思想や観念の価値は決まると、僕は思っているのね。

　奥平はパレスチナ闘争の一環としてテルアビブの空港で二〇何人撃ち殺して、自分の足元に爆弾を投げて死んでいくわけだよ。その直前に、重信房子《しげのぶふさこ》に残した言葉というのがあるんですよ。それは「もうこの場におよんで思い残すことは何もない。ただ、たった一つあるとすれば、この難民キャンプを走り回る美しい目をした、必ず武器を持って続くだろう子供たちに、さよならも告げずにいくことだ」。

　そこには善悪という共同体の二分法なんてなくて、ただ奥平の実存だけがある。

　例えば野村秋介《のむらしゅうすけ》が、ああいう形で自殺するわけだけども、彼が残した句に「俺に是非を説くな激しき雪が好き」っていうのがある。是非の問題じゃないんだよ。是非の問題になっちゃったらもう社会通念の問題。そうじゃない、個体として生きようと意志した人間の句ですよ。石原慎太郎の小説というのは全部、それがあるわけですよ。最初から最後までその個体にかかっているんだよね。現実の踏絵を踏み抜くこと、そのことの切なさと恍惚を描いている。集団、共同体っていうものを無化する小説を、これだけの連なりで書いている作家っていうのはいないんです。『刃鋼』にしても『化石の森』にしてもみんなそうで、そのことによって肉体の生と死っていう問題がいつも彼の中にある。

『弟』で、真夏の慶應病院の病室で、裕次郎《ゆうじろう》が息をひきとっていく。その時にブラインドを開けると、明るく強い陽射《ひざし》が照りつけている。多分、その下では生のさなかにいる若者たちが神宮《じんぐう》のプールではしゃいでいる。一方でそれを見ながら、死んでいった弟を見る。でもその生と死というのは等価なわけです。それは彼の公理に近い、その一点にかかって彼のストイシズムはある。『弟』っていう小説は、裕次郎の生涯みたいな売り方をしたけれども、実は生と死、生きていく兄と死んでいく弟は等価であるっていうことを、延々と小さい頃から描いた文学なんです。

編集者魂をかけてでも、書いてほしい小説がある。

石原さんは自分の快楽や欲望にものすごく忠実な人で、だからそれを平均化しようとする社会的現実、共同体とぶつかる。それを想像力で解消しようとして、小説を書いてきた。でも、それでも解消しきれなくなって政治に行く。極端に言えば彼は自分の感覚に都合がいいように現実を変えようとするわけで、当然、政権を握っている与党に行かなければ意味がないんですよ。でも自民党に行ったたっていうことだけで、非常に表層的な文芸評論家、文壇の人間たちが、「あいつは政治に身を売った」と、石原文学をちゃんと読もうともしない時期があったわけですよ。その最中に彼は『刃鋼』とか『化石の森』とかものすごい小説を書いていた。

一番最近『新潮』(二〇〇一年二月)に発表した『生き残りの水兵』では、生死を共にした戦友同士が、成功した実業家とホームレスになって、何十年ぶりかに再会し、友情を復活させる。ところがそのホームレスが暴走族の少年たちに殺される。ある日、少年たちを待ち伏せし、主人公は銃で少年たちを殺してしまうわけです。やり場のないいら立ちで彼は銃を発射するんですね。そういう衝動を常に抱えている自民党の政治家であったわけだけれど、当然それは政治だけでは慰撫しきれない。都知事になっても、やっぱり小説を書かなければ彼は生きていけない、根っからの文学者なわけですよ。

だから僕は今、石原さんに「老残」っていう小説を書いてくれって言ってます。人は死んでいくからこそ、切なさも官能も何もかもがあるわけで、あれだけ肉体を信じ、行為を信じた人が老いに直面する。そういう中で人生の切なさというか黄昏っていうのを、彼はひしひしと感じるはずだよね。日本人でほとんどただ一人、肉体と行為を信じた小説を書いた石原慎太郎が、肉体が老化していくということをどう描くか。死に近づけば近づくほど、官能は強くなるはずなんだよね。年老いた人間が、ある行為に向かう時、死にもっとも近い生の官能っていうのが、死のいちばん間際にあるはずなんですよ。生と死は等価である最後のあかしですよね。石原慎太郎に「老残」っていう小説を書いてもらわなくては、オレは編集者としての魂を無くしたようなもんなんですよ。かっこいいじゃない、『太陽の季節』でデビューした作家が「老残」を書くのよ。売れるに決まってるしさ。

スノッブをすりこまれた　安井かずみ

――発言年二〇〇一年

不眠症を誘う彼らの死①

　安井《やすい》かずみの訃報《ふほう》を耳にした時、初めて彼女に連れて行かれた店の情景が浮かびました。その飯倉《いいくら》にあるイタリアンレストラン「キャンティ」は、二五年前に足を踏み入れて以来、今でも僕の行きつけの店です。自分が感動した対象や強い興味を抱いた人間とだけ仕事をしたいという僕の今のポリシーが、新人編集者だった当時も既に芽生えていたのでしょう。恐ろしく売れていた彼女に、何か仕事をしましょうと連絡を取りました。あの頃いいと思うポップスのスタッフクレジットには、たいてい「作詞：安井かずみ」と記されていました。

　キャンティの第一印象は、外国に思えました。メインディッシュのオーソ・ブッコもパスタのスパゲッティ・バジリコも、出される料理のすべてがそれまで食べたことがないほど、凄《すさ》まじく旨《うま》かった。

　一番奥の窓際の席では、安井かずみとキャンティ族の双璧《そうへき》を成す加賀《かが》まりこが、四、五人で食事をしていました。僕は食事をしながら打ち合わせをする方なんですが、その癖がついたのは若い僕をキャンティに連れて行った彼女のせいですよ（笑）。今でも、大切な打ち合わせがある時に訪れるいくつかの店のひとつとして、足を運んでいます。西麻布《にしあざぶ》支店ができてからは、そちらを訪れる方が多くなりましたけど。キャンティは雰囲気も独特で、気持ちがゆったりと高揚するんです。フランク・シナトラやマーロン・ブランドまで姿を見せたその店は、僕にとって夜の学校だったんです。そこには、安井かずみの詞に漂うスノッブなムードがあり、そして成功する前の人にも優しかった。無名の表現者に対しても独特の温かい応対をしてくれて、そこに行きたいと思わせる力がキャンティにはあったんです。店内に漂う匂《にお》いや雰囲気や色を感じ取って、この店にふさわしい客になりたいと、様々なジャンルのクリエイター志望の若者たちは憧《あこが》れ、納得できる仕事をするとキャンティの初体験を済ませたものです。

実際、あの店の触発能力は営々たる実績を刻んでいました。ザ・スパイダースを生みだしたのもザ・タイガースを生み出したのもキャンティだし、あの店がなければＹＭＯもユーミンも世に出なかったかもしれません。僕も〝この店の常連になるというのは、どんなことなんだろう?〟と思って仕事に励み、やがて〝この店に来れなくなったら、自分の仕事がうまく回っていない時だ〟と目安にするようになり、そしてキャンティを愛し過ぎて『キャンティ物語』という本まで出してしまいました。

単なるメランコリーや惰性でキャンティに顔を出すのではなく、どうしても今日はキャンティだという日があるんですよ。例えば、最近さだまさしに処女小説の『精霊流し』を書いてもらった時、彼の表現作法に共感を覚えました。〟小さく生きて小さく死んでいく。目立つこともなく目立とうとも思わず目立つ能力もなく、しかし、一生懸命誠実に生きて死んで行く。そういう人たちの足音や溜《た》め息《いき》をきちっと掬《すく》い取っている〟。彼が目を向ける人たちからは、クリエイティブなものは引き出せないでしょう。でも、表現者はそういう人たちの重さを常に感じていなくてはダメだと言う想いが僕も強いし、そういう無口な人たちに負い目を感じてもいます。目立たなくても〝生きてるだけで価値がある〟というメッセージを敬礼と共に送りたいと思います。だから僕は、『大河の一滴』の映画化にもこだわったんですよ。

さだまさしの小説を校了した後、一人でキャンティに行きました。安井かずみは、肺《はい》癌《がん》で亡くなる約三週間前にキャンティを訪れ、静かにお茶を飲んで帰ったそうです。彼女と結局仕事をしなかったし、すごく親しかった時期はなかったけれど、自分の中で重大な何かを失った想いがしました。

今でも僕がキャンティに行くように、彼女とキャンティを切り離すことはできないんですよ。

不眠症を誘う彼らの死②

淡々と死んでいった 山際淳司

——発言年二〇〇一年

「そんなにクールでスタイリッシュに通して、何で最後まで肉声で本音を語らなかったんだ?」

山際淳司《やまぎわじゅんじ》の死に顔を彼の自宅で見た時、初めてそんな思いがこみ上げました。彼の葬儀を取り仕切っていたのは、テレビCMで知り合った広告代理店の人間や生前の彼と関係が薄かった人たち。作家としての彼を見出《みいだ》した旧知の人間の居場所はありませんでした。彼は常に淡々として人と距離をとっていたから、彼の本心を生前には充分に推し量れなかったんです。

スポーツノンフィクション作家として名を馳《は》せた彼の最初の単行本『スローカーブを、もう一球』を仕掛けた後、二〇本前後の作品を『野性時代』に載せました。でも最後の方で担当した作品には、僕が見出した輝きは既に失《う》せていました。

最初に僕の目を奪った彼の作品は、無名時代に〝J〟とだけ署名して『スポーツグラフィックNumber』ゼロ号に載せた企業の企画広告ページ。ソニーのビデオの写真に添えられるように書かれた記事は、ビヨン・ボルグのウィンブルドン四連覇が賭かったロスコー・タナーとの決勝戦を描いたものでした。試合はツー・セット・オールになって最終セットへもつれ込み、タナーが3―2でリードする。六ゲーム目、40―0になってサーブ権を握っているタナーは思います。「戦いにはキングスポイント、つまり試合を決めた一球というのが必ずある。今がその時だ。これから打ち込む世界最速といわれるサーブが、俺のキングスポイントになる」。全身全霊を賭けたサーブが決まったと思った瞬間、信じられないリターンがタナーの足元を抜けていく。このポイントを機にタナーは劣勢になり、逆転で試合を失うわけです。山際は書きます。「勝者と敗者は一瞬のうちに交錯する。タナーはあの一瞬を忘れることができない」。その誌面を見た僕は飛び上がり、早速アポを取りました。

『野性時代』にすぐ連載を開始しないかと持ちかけ第一作を『スローカーブを、もう一球』に決めました。七、八本たまったら単行本にしようということになりました。彼は『Ｎｕｍｂｅｒ』の創刊号に、江夏《えなつ》のあの名勝負を載せると決めていました。広島カープにいた一九七九年、日本シリーズで近鉄相手に投げて九回裏ノーアウト満塁から三振、封殺、三振と押さえ込んだ逸話です。「それ全部で何球ですか？　じゃあタイトルは〝江夏の21球〟ですかね？」なんて話しながら、後に伝説化するその作品を単行本に収める約束を取り付けました。

そういうスポーツの輝く一瞬なんていうのは、書けば書くほど手詰まりになるものです。一人の作家がどういう風に描くかには限界があるし、およそのパターンは彼が自分で書き尽くしても、依頼はどんどん増えていく。流して書いているな、と感じる作品が多くなった。作風の壁と疲労感に苛《さいな》まれた彼は、取材なしで想像力だけで書けるからと小説に活路を求め、『ラヴ・フォーティ』を『野性時代』に発表しました。しかし小説家にはなれなかった。やはりノンフィクション作家以外の何者でもなかったんですよ。スポーツキャスターやCM出演という輝かしい逃げ道を選んだ彼は、数年後に突然僕を病室に呼ぶんです。

「俺、胃ガンだけど、切れば治るから」と、いつも通り淡々と告げました。今にして思えば、淡々として聞こえたけれど一度きりの精一杯の肉声だったんでしょうね。彼は、思ったような作品が書けないともがいていて、無意識の内にSOSを出していたんだろうと、死に顔を見て初めて気づいたんです。幻冬舎を立ち上げたばかりで余裕がなかった僕は、彼の本心を推し量るのを怠りました。ノンフィクション作家としての新たな作風をどう示唆しても、彼の新たなキングスポイントにはできなかったと思います。そんな真剣勝負は彼も望まなかったかもしれないけど、それでも一緒に悩んで作品の死に水をとるべきだった。そんな後悔が今でも消せません。

不眠症を誘う彼らの死③

この世に貸しを遺した　鈴木いづみ

――発言年二〇〇一年

世の中、まともに生きようとすると辛い。僕がまともに生きようとすると思い出すのが、鈴木《すずき》いづみです。この世の中は、醜悪で調子いい輩《やから》にばかり便利にできていて、うまくやっていくためにはどこかズルく出たり人を押しのけたりする必要がありますよね。そういう生き方を選ばずに、まともに生きるために人生とあれほど真っ正面から格闘し、破れ、死んでいった女性はいませんよ。

生きていくということは、それ自体が酷《むご》いことじゃないですか。毎日退屈だと嘯《うそぶ》いている人だって、自分で死ねないからには生きて行くしかないし、しかも何十年か何年か先に待つ死へと確実に刻々と近づいているから、切なくて寂しいわけじゃないですか。どんなに誤魔化しても、死ぬ瞬間は一人で引き受けなければいけないわけですから。その苦しさを紛らわすために恋愛し、仕事をするんですよね。そして寂しさや欠落感が大きい人は、表現活動をすることでしか救われないのです。僕らが生業《なりわい》にしてる出版は、情報と表現の両方で成り立っています。パソコンやインターネットの普及で情報の伝達や収集方法が多様化して、これまで出版が請け負っていた情報発信の領分は、いくらか侵されるかもしれません。それでも、表現の分野は侵されることがないでしょう。人がこの世に存在する限り、そして死なない薬ができるまでは、小説や音楽や絵や写真などの表現は決してなくなりませんよ。表現せずには日々生きることに折り合いがつかない人がいるわけですから。だから表現は、人類の消せない記憶と言えるかもしれません。

鈴木いづみも、表現方法を変えながら何とか生きようとした女性でした。

彼女はポルノ女優でしたが、それだけでは飽き足らなくて小説を書き、現役のポルノ女優時代に『文學界』の新人賞でいきなり佳作をとってしまうんです。当時はポルノ女優が小説を書くというだけで、センセーショナルな話題を呼んだものでした。とは言っても彼女の小説は、強烈なところが何もなく、まるで影絵のように印象の淡いものでした。彼女は人生そのものが強烈すぎて痛切すぎて、それらの葛藤を表現するために小説を書くのは諦《あきら》めに近い作業だったんです。だから影絵のようだった。それでも、生まれ落ちて生きていくすべての人間は寂しいということを、これほどまでに生身でわからせて死んでいった人は、なかなかいませんよ。

彼女はまた、容貌《ようぼう》も強烈でした。元々は非常にエキセントリックな美しさを持っていましたが、阿部薫《あべかおる》という伝説のジャズプレイヤーと暮らし始めると、彼の暴力によって全ての前歯が抜け落ちてしまったんです。髪は脱色したように赤茶け、酒と煙草《タバコ》と薬の日々で肌が傷み、女優としては成立しないコンディションになって行きました。阿部は彼女以上に生きることに折り合いがつかなくて、熱病にうなされるようにもがいていた。鈴木いづみは無惨すぎて何も感じなくなった状態で阿部薫と出会い、また生きようという理由を彼から受け取ったんですね。だから阿部の暴力に文句は言うけど離れられずに、精神異常のようなことが日常的に繰り返される地獄の道行きが続いたんです。やがて阿部は睡眠薬の飲み過ぎで亡くなり、鈴木は僕に毎日電話をよこしました。ある日キャッチホンで受けた僕が折り返しかけ直す旨を伝えると、「必ず電話をください。昔、親しかった人たちに挨拶《あいさつ》をしたいのです」と……。僕がその電話をかけ直さず終いにした約三ヵ月後、鈴木いづみが我が子の目の前で首を吊《つ》って自らの命を閉じたことを知りました。

彼女からは辟易《へきえき》するほど電話がかかってきましたが、一回だけ僕の方から報告の電話をかけました。離婚したと伝えると「長く生きていると、人はみんなさみしいね」と答えました。そう言った彼女は、当時まだ三〇代前半かそこらだった。充分長く生きたと感じるくらい、生きる切なさと苦しさを感じ過ぎていたんですよ。

不眠症を誘う彼らの死④

悲惨の港を目指して見せた　尾崎豊

――発言年二〇〇一年

純愛にさえ、箸休《はしやす》めのような瞬間や駈《か》け引《ひ》きは付きものです。しかし、一時も気を抜かずにひたすら自分を愛してくれというメッセージを、時にはストレートに、時には逆説的に熱く激しく放ち、最後には命を代償にしてまで友人たちの気を引こうとした人物がいました。

「僕は生きているから苦しいんだ。この酷さや切なさをなんとかしてくれ」と、もがいて全身で叫ぶのが尾崎豊でした。そして「あなたも生きている限り、僕の問題はあなたの問題なんだ。逃がしませんよ。一緒に苦しんでもらいますよ」と。彼が悩んだ重圧と無関係な人は、この世に一人も存在しません。僕も彼の問いかけにギリギリまで苦しめられ、何度か自殺も考えました。そんな彼が死によって僕から永遠に離れた時は、ホッとしました。でも憎しみや怒りを彼に抱いていたのではありません。無理難題を突き付けられることがなくなり、ホッとしただけです。彼が抱えていた人生に対する問題は本質的だったと思うし、形見にもらった彼が愛用した玉虫色のベルサーチのネクタイと共に、ずっと僕のそばにあります。

彼はロックンローラーでありながら曲に日本的なコードを多用し、日本情緒を愛《め》でる琴線を振るわせました。尺八の師匠だったお父さんの影響を受けているんでしょうね。さらに花鳥風月や、物語のセンチメンタリズムの鍵《かぎ》を握る〝時間の秘密〟をも肌で感じていた、希有《けう》な人でした。時間が過ぎて行くことや移り変わることに対する、何十年も生きた人でないとわからないような鋭敏な感覚が、彼の綴《つづ》る歌詞には溢《あふ》れ出ています。

亡くなる三週間くらい前、最後に寄こした明け方の電話では、決裂状態にあった彼を受け入れられなかったけど、僕は今でも彼を愛しています。

彼の歌が流れて来ると訳のわからない涙と熱さがこみ上げて来て辛過ぎるから、まだCDを聴く気になれません。特に一緒につくった『誕生　BIRTH』は……。もしかしたら二、三年後には、穏やかな気持ちで聴くことができるようになるかもしれません。でも心底楽しんで聴けるようになるのは、僕が人生を隠居する時か、編集者としての僕が再び腐る時なんでしょうか？　彼の歌は、そうなった僕を許すでしょうか、裁くでしょうか。彼が僕の家に入り浸った濃密な二年間の苦しみを、フラッシュバックさせずにはおかないでしょうか。

彼が死んだと聞いた時は、少しも驚きませんでした。彼を見限った僕と音楽プロデューサーの須藤《すどう》くんとアート・ディレクターの田島《たじま》さんを自分の元に戻って来させるために、死んで見せようとしたんでしょう。でもあの晩の彼は、混濁した意識の中でまだ死なないつもりだったんだろうと思うんです。しかし結局は死んでしまった。あの頃は、毎日滅茶苦茶な状態でしたから。錯乱して車のボンネットに飛び乗ったり、自動販売機に殴りかかって血だらけになったりを繰り返し、あの日はたまたま死んでしまった。自殺みたいなものだったけれど、もう寿命だったんですよ。彼は人の三倍も四倍もの悲しみを溜めてしまっていたから、三倍か四倍の速さでしか生きられなかったのだろうと思います。だから三〇歳過ぎまで生きるはずがないと。

彼のおかげで、自分の贅肉の付き具合を感じました。人は現状維持の方が楽だけど、逆にリスクがある方に向かって進まなければ何も生まれない。そんな生き様を、彼は見せつけて逝ってしまいました。「俺たちの舟は、動かぬ霧の中を、纜《ともづな》を解いて、悲惨の港を目指し、……」とランボーが『別れ』で詩《うた》ったように、表現も人間が生きることも、悲惨の港を目指して行くものなんですよね。もしも黄金の何かを目指したら、途中でちょっと座礁《ざしょう》しただけで諦めてしまうでしょう。悲惨の港を目指す気持ちになって、初めて出航の決意がつくものなんですよ。

それを僕に教えてくれたのは、尾崎豊。彼が死を賭《と》して改めて突きつけたことに背中を押されて、編集者として腐っていた僕は五人の仲間と共に角川書店を去り、幻冬舎というリスクに向かい始めました。

不眠症を誘う彼らの死⑤

涙腺に熱いものがこみ上げる　中上健次

――発言年二〇〇一年

文学の悲惨さと豊饒《ほうじょう》さを教えてくれたのが、中上健次です。僕を編集者として鍛えてくれた最も忘れられない男。出会った頃のことをつい昨日のことのように思い出します。紀伊《きい》半島のある場所の出身であることを、彼は社会的なビハインドを背負っていると捉《とら》えていました。そのことでのたうち廻《まわ》ると同時に、めくるめくようにその場所を愛しもしました。海が光り、川がうねり、地虫が鳴き、森がざわめく中で、太陽に灼《や》かれながら大地を耕している眼の昏《くら》い中上という大男は、自然の一部として存在することに眩暈《めまい》のような官能を覚えながら、その自然こそが自分に社会的ビハインドを背負わせていることに、深く苦しみ続けたのです。そのような絶対矛盾を切り裂くようにして彼は生き抜きました。

パラドックス思考である上に、動物的というか、スウィングの大きな論法で人を攻撃してくることもよくありました。例えば、「茉莉花」という新宿のクラブでも、中上は度々暴れました。そこは野間宏《のまひろし》、水上勉《みずかみつとむ》から高橋三千綱、村上龍《むらかみりゅう》まで当時の錚々《そうそう》たる作家や詩人たちと各社の文芸編集者の集う場でもあり、銀座《ぎんざ》ほど高くはないけれどホステスもいて、彼女たちも文学の話で客をもてなしてくれました。「キャンティ」とは違った角度で、そこもまた特別な理想郷で、認められた者だけが常連になれる雰囲気があったんです。ある日、芥川賞をとったばかりの三田誠広《みたまさひろ》がたまたま居合わせた中上に挨拶に来ると「〃僕って何〃だ？ ふざけんじゃねーよ」と怒鳴りながら、ミネラルウォーターの瓶で殴り、その上パンチを繰り出して三田の肋骨《ろっこつ》にヒビを入れてしまった。その理由が〃三田を文学として認めない。だから殴るんだ〃というメチャクチャなものでした……。ただ黙って殴られている三田にも文学を感じましたね。

僕に対しても、尾崎豊に勝るとも劣らない程、中上は熾烈《しれつ》な踏絵を常に突きつけて来たものです。

彼はおぞましくて醜い部分を持ち、同時に最も聖なる美しい者でもありました。その矛盾する両方を併せ持ったからこそ、ぶ厚くて豊饒な、ジャズのようにスウィングする文学を生み出し得たわけです。汚いものから目をそむけたら、極めて薄っぺらいものしか見えないんですよ。だから彼は豊饒で悲惨な文学を生み出し続けるために、社会的なビハインドを受けていると彼が感じる場所にだけ、身を置こうと決意したんです。その象徴として愛してこだわったのが、光り輝く暗闇たる紀伊半島と朝鮮半島だったんです。〃社会的なビハインドを背負う者たちがすべてを奪われても、想像力だけはどんな権力者でも奪えない。ビハインドを背負わされて深く葛藤する者しか、過激で豊饒な表現は生み出し得ない〟とでも言うように。

　そんな中上に僕は惚れ、その中上の役に立てることは、この上もない快楽だったんです。惚れた表現者にどれだけ親身に関われるかが、僕が中上との関係から学んだ編集者の原点。そういう、惚れた者と過ごすこの上もなく幸せな瞬間をいくつも積み重ねてきたから、「売れるものなら何でもいい」と偽悪者ぶって嘯《うそぶ》いてみても、ある程度の説得力を持つのだと秘《ひそ》かに自負しています。その奥行がないのに〝売れるものなら何でもいい〟なんて言ってるやつには、売れるものなんて作れません。これは新人の編集者にこそ言いたいです。僕は、彼のおかげで編集者として成立したという想いを常に持っています。

　最後の治療は故郷で試みたいという意向で、既に瀕死《ひんし》の状態にあった中上は、紀伊半島の枯木灘《かれきなだ》に帰りました。その海面は本当に光が跳ねるようで、それを見て中上はボロボロ泣いたそうです。その枯木灘こそが彼を育《はぐく》み、また彼を苛酷《かこく》に貶《おとし》めた。その枯木灘を見て涙を流した中上を、途方もなく愛《いと》しく思います。晩年の彼が好んだエンジ色のセーターを形見分けでもらったんですが、時々匂いを嗅《か》いでみるんです。中上の匂いが残っていて、枯木灘を見て涙を流した中上が思い浮かび、僕の涙腺《るいせん》にも熱いものがこみ上げるんです。僕が編集者として生きている理由は、自分の中の消せない記憶を世の中にも出したいからかもしれない。そう思うようになりました。

ミッドサマーの刻印①

坂本龍一 ラストエンペラー

――執筆年二〇〇二年

「18日、A.M.3：00（メキシコ時間）AKIが死んだらしい。
とり合えずMexicoに行く。
何処《どこ》にいるんだ。
声が聞きたかったぜ。㊡ 11：00―」

これは一九八八年八月二〇日午前一〇時四八分、坂本龍一《さかもとりゆういち》が僕宛《あ》てに送ってきたファックスの全文である。「AKI」とは、生田朗《いくたあきら》といい、坂本が最も信頼を寄せ、彼の個人事務所を取り仕切っていた男のことだ。

この年の四月、坂本は『ラストエンペラー』によってアカデミー賞作曲賞を獲得していた。ロスアンゼルスのラ・ベラージュというホテルの近くで行われた授賞式には僕も参加した。受賞のアナウンスの瞬間、坂本とともに喜びを分かち合ったもうひとりの男が生田だった。世界中の国々から贈られてきたシャンパンや花束に埋め尽くされたラ・

ベラージュの坂本の部屋。「コングラチュレーション！」と次の仕事の依頼を兼ねてその部屋を訪ねてくるデヴィッド・リンチ、ソニー・ロリンズ、マイケル・ダグラスらの大物たち。英語を自由に操れた生田が、坂本の傍ですべてその場を切り盛りしていた。受賞の夜、アカデミー賞側が用意したパーティーをキャンセルし、ビバリーヒルズの私邸を借り切って『ラストエンペラー』関係者だけで祝勝会を行ったときも、坂本と生田、そして僕は一緒だった。九部門の受賞者が顔を揃《そろ》えるなか、僕らは二度と味わえないような歓喜と至福の時を過ごした。

坂本とは、彼が「トラフィコ」（スペイン語で交通の意）という事務所を設立した頃から急速に親しくなった。当時、僕はほぼ毎夜、広尾《ひろお》にあった「ピュルテ」という店で坂本と酒を飲んでいた。夜一一時頃までに日常の仕事を終え、「ピュルテ」で坂本と落ち合い、朝九時過ぎまで飲みつづける。そんな生活が四年ほどつづいた。それは共に捩《よじ》れ合いながら過ごした年月でもあった。『ラストエンペラー』の制作中も坂本は、中国での仕事が空くとすぐに東京に戻っては「ピュルテ」に入り浸っていた。坂本には「すごい映画になるんだから」と励まし続けるしかなかった。愚痴を聞き、そのまま中国へ送り返したこともあった。

坂本から生田が死んだらしいというファックスが届いたとき、僕はまだ女の部屋にいた。きっと坂本は直接、僕と話をしたかったのだろう。どうにも僕が捕まらないから、あのファックスを送りつけてきたのだ。昼の一時を過ぎ、自分の部屋に戻って、そのファックスを見たときにはすでに坂本とは連絡が取れない状態だった。後に分ったことだが、生田はメキシコのプエルト・バリャルタで、夏の休暇中に運転していた車ごと道路から崖《がけ》に転がり落ちて死んだのだった。坂本は真先に現地へ飛んだのだろう。そこで生田の遺体を確認し、弔いもやるのだろう。きっといまごろはメキシコへ向かう飛行機の中だ……。僕はマンションのベランダから空を見上げた。そのときの太陽の照り、ねっとりとした湿度、そしてあの異常すぎるほどの暑さはいまでも体が記憶している。

なぜ俺は連絡の取れない場所にいたのか。坂本と痛みを分け合えない苛立《いらだ》ちと、わずか四ヵ月前に歓喜と至福の時を分け合った友が死んだという悲しみが交錯し、いたたまれない気持ちになった。ただ空を見上げ、坂本の乗ったであろう飛行機の行方を追うしかなかった。

空は、嘘のように晴れていた。

ファックスを見て一〇分と経《た》っていないはずなのに、大雨のような汗が溢れ出した。そしてたちまちTシャツがビショ濡《ぬ》れになった。「死んだらしい」というあの一節がふたたび頭を擡《もた》げる。朦朧《もうろう》と立ち竦《すく》むなかで僕は感じた。青春の幕は下りたと。毎夜、無鉄砲に酒を飲み、面倒を面倒と思わず友と損れ合い、無駄を無駄と思わず過ごしてきたあの輝かしい狂気じみた日々が、この一通のファックスをもって終わりを告げた、と。
今年もまた、太陽の狂気を感じる季節がやってくる。

ミッドサマーの刻印②

松任谷由実　ルージュの伝言

――執筆年二〇〇二年

夏の最後の悲鳴だったのか。異常に蒸し暑い九月の夜だった。彼女はしばらく窓の外を眺めていた。そしてふと僕の方を向き直り、「いいわよ、見城さん」と微笑《ほほえ》んだ――。「ユーミン」の存在を初めて意識したのは、移動中のタクシーの中である。ラジオから流れてくる歌を聞いていて、突然涙が溢れ出したのだ。移りゆくもの、過ぎゆくもの、変わりゆくものに対し、これほどまで悲しみと輝き、甘さと苦さを歌った曲はない……。「ただいまお送りした曲は、荒井由実《あらいゆみ》さんの『卒業写真』でした」ラジオのナレーションを聞き終えたとき、僕は初めてその名を胸に深く刻み込んだ。『14番目の月』というアルバムが出たばかりの頃だったと思う。

たちまち「ユーミン」の虜《とりこ》になった。アルバムを買い集め、コンサートにも通いつめた。やがて直接本人と仕事がしたいと思うようになり、あらゆる手段を講じて近づこうとした。事務所の壁は高かったが、想いは通じるものだ。何度も通いつめるうちに、彼女は僕に目を止めてくれるようになった。コンサートの楽屋に顔を出し、一瞬でも会話ができるようになり、やがて食事ができるようにもなり、夜中に電話で話せるようにもなっていった。

知り合って二年ほど経ったある日、六本木のレストランで食事をしながら、「あなたの自伝的エッセイを作りたい」僕は彼女に切り出した。その頃すでに彼女は若くして伝説のミュージシャンになりつつあったが、自らの著作は一冊も出していなかった。話はきていても全て断っていたからだ。「見城さんがやりたいと言ってくれるなら、やる」そう言ってくれたとき、想いが伝わったという嬉《うれ》しさと彼女の才能を一冊に纏《まと》める喜びに満ち溢れた。

約一年をかけて僕は彼女の本を編集した。原稿は全て入った。ゲラも出て彼女の直しも終わり、あとは印刷製本にかかるだけ。彼女から連絡が入ったのはそんな折だった。

「重要な話があるからすぐに会いたい」

蒸し暑い夜だった。すでにミッドナイトを回っていた。僕が指定した六本木材木町の交差点近くのメンバー制クラブ「トリスタン」のテーブルで二人は向き合っていた。

「申し訳ありませんが本は出せません」

丁寧に、礼儀正しく、この本の出版を何とか取りやめたいと彼女は僕に迫った。自らの人生や自らがつくった歌の背景、自らのスピリットを語りつくせば、私の音楽自体が死ぬ。今まで見城さんと一緒にやってきて、そうは思わなかったけれど、最後にゲラを読み直してみたときに自分は音楽だけで表現していればいいと思った、と。そしてここまでかかった費用は全て私が弁償すると……。

お互いの信頼関係を考えると、僕は彼女の要求をかなえてやりたかった。しかしこの仕事に限っては、そんな綺麗事《きれいごと》では済まされない状況だった。出版は間近に迫っている。もしここで本を出せないとすれば自分の進退に関わってくる。「それは困る。なんとか……」と頭を下げ、理屈にならない理屈を並べ、とにかく出させてくれと彼女に懇願した。トリスタンの窓からは六本木のイルミネーションと通りを行き交う車が見えた。沈黙する室内に、夏の最後の悲鳴のようにどこからか夜の熱風が入り込む。気がつけば午前三時を回っている。とそのとき、ふと彼女が窓の外に目をやった。そして突然僕の方に向き直ると、こう言って、微笑んできた。

「いいわよ、見城さん。本を出して。もう私、何も言わない。あなたの言うとおり、出してください」

別れ際に「出す以上は売ってよね」とウィンクし、彼女は長い髪を靡《なび》かせ、颯爽《さっそう》と真夏の夜の街へ消えていった。自分の事情よりも相手の窮状を理解したのだ。僕の困り果てた顔を見て、自分の方から折れ、そしてまだお互いの信頼関係は崩れていないことも伝え、去って行ったのだ。僕はただ頷《うなず》き、その場に立ち竦むしかなかった。

結局、『ルージュの伝言』というその本は、文庫本を併せ一五〇万部を超える大ベストセラーとなった。今でもあの真夏の夜の出来事が現実の時間だったとは思えない。

ミッドサマーの刻印③

石原慎太郎　太陽の季節

――執筆年二〇〇二年

石原慎太郎さんの小説はいまでも僕の中で燦然《さんぜん》と輝いている。短編はほとんど暗唱できるくらいに読み込んでいる。『太陽の季節』も『処刑の部屋』も『完全な遊戯』もすべて若い頃の僕にとっては生きる糧となった。共同体と折り合いがつかない自分がどうしようもなくなったとき、慎太郎さんの小説は何ものにも勝る救済を与えてくれた。彼の作品ほど、社会が付与する価値観をぶち壊して出てきた小説はない。共同体の一員としてではなく、何ものにも冒されないむき出しの個体として生きようとした人間の、肉体の生と死が、その根底には流れている。学生時代から僕は、出版社に入ったら何よりもまず慎太郎さんと仕事をしたいと願っていた。初めて会うことが叶《かな》った日に、若者の浅知恵で赤いバラの花を四〇本抱えて持って行った記憶がある。

「男にバラの花束をもらうのは初めてだなぁ」

憧れつづけた作家は少年のように照れた。僕は、自分がいかに慎太郎さんの小説を愛しているかをまくし立てた。それを遮るように、

「君は、酒は飲めるかね」と尋ねられ、「飲みます」と答えると、その場でドライマティーニを作ってくれた。

慎太郎さんの逗子《ずし》の自宅は圧倒的にカッコいい家だった。丘の頂上に建ち、部屋からは海を一八〇度見渡せた。置いてあるちょっとしたものにも住んでいる人の肌触り、息遣いが見事に表現されていた。毎月その家に原稿をもらいに行くのが楽しみだった。そんな夏のある夜、慎太郎さんが「散歩しよう」と逗子の海岸に誘ってくれたことがある。そこで彼は、自分が今何に苦しみ、何に挑み、何に劣等感を感じ、何に空《むな》しさを覚え、何に苛立っているのか、そんな内面を二五歳の僕に打ち明けたのだ。逗子の海岸から深まった関係は、一九年後の夏、ミリオンセラーとなった『弟』によって結実する。

幻冬舎設立後、すぐに慎太郎さんから電話が入った。

「今近くにいる。これから寄るぞ」

一〇分後に慎太郎さんは現れた。当時は、四谷《よつや》の雑居ビルの中で五、六人しか社員がいない小さな会社だったが、社員を前に、慎太郎さんは「未熟な社長だが、見城をよろしく頼む」と言ってくれた。そして僕の方へ向き直り、「もし俺にまだ役に立てることがあるのなら、何でもやるぞ」と勇気づけてくれた。

僕はその場で、「裕次郎さんを書いてください」と頼んだ。私小説を一切書いてこなかった慎太郎さんに、最も血のつながりの濃い弟を書いてもらうことによって、読者の知らない、もうひとつの石原慎太郎像が浮かびあがるのではないかと思っていたからだ。周囲から見れば「編集者にとってだけおいしそうな」話でもある。しかし石原さんは嫌な顔ひとつせず、「俺もずっと裕次郎のことは気になっていた。いつか書こうと思ってメモ書きしてある。お前が言うんだったら、書くよ」と言って社を後にした。

春が生の芽生えだとすれば、夏は生の絶頂だ。その生の絶頂に裕次郎さんは死んだ。ヨット乗りの兄弟にふさわしい七月という太陽の季節に裕次郎さんは死んでいった。推《すい》敲《こう》に推敲を重ねてきた『弟』を、僕はどうしても裕次郎さんの命日に出版したかった。『弟』の中に、真夏の病室で裕次郎さんが息を引き取るシーンが出てくる。病室のブラインドを開けると、明るく強い陽射が照りつけている。その下では、生のさなかにいる若者たちが神宮のプールではしゃいでいる。それを思いながら慎太郎さんは、同時に死んでいった弟を見る。慎太郎さんにとって、その生と死は等価なのだ。『弟』という小説は、裕次郎さんの生涯を書いたというよりも、生きていく自分と死んでいく弟は等価であるということを、血の通った兄が証《あか》した作品なのだ。『弟』は裕次郎さんの十回忌の日に発売され、あっという間にミリオンセラーとなった。

その夏を越え、幻冬舎は大きな波に乗っていく。

ミッドサマーの刻印④

村上龍　テニスボーイの憂鬱

――執筆年二〇〇二年

炎天下のなか、朝の一〇時から日暮れまで、ひたすらラケットを振りつづける。昼食のブレイク以外の時間は、ただひたすらに四角いコートのなかで一対一のストロークをつづける。「夏はキメル！」というテーマに最も相応《ふさわ》しい体験といえば、あのテニス漬けの日々以上のものはない。あれほどひたすらに肉体をいじめ抜き、あれほど毎月汗をかき、あれほど美食を極めた夏はない。村上龍と川奈《かわな》ホテルで過ごしたあの夏の日々は、強烈なメモリーを刻んだ。

龍とは、ほぼ同時期からテニスをやり始めた。その後、徐々に腕に差がつきはじめ、川奈ホテルにコートを取りはじめた頃には、僕が龍からセットを奪うことは難しくなっていた。当時の龍はテニスに狂っていた。テニスコートに通いつめ、たまに僕も付き合っていたのだが、まず練習量が違っていた。彼には天性の運動神経もあった。

何日も集中してテニスをやりたいとき、僕らは決まって川奈ホテルのテニスコートを押さえた。真夏のシーズンに一週間、ホテルに二人で泊まり込み、ただひたすらにテニスのシングルマッチをやる。女はいない。他にメンバーもいない。川奈はゴルフ場として国内でも有数の名門コースに挙げられるが、当時は二人とも、ゴルフにはまったく興味がなかった。

一セットのうち、僕が龍から二ゲーム以上を奪うことは、かなり至難の業だった。とりわけ彼のバックハンド・スマッシュは強烈だった。テニスのなかでも最も難しいプレーのひとつだと言われる、そのバックハンド・スマッシュを受けると、ほぼリターン不可能だった。しかし、ときには僕のサーブが決まったり、フォアハンドのスマッシュが決まったりすることもある。たまにでも、決まれば気持ちがいい。そんな瞬間にも酔いしれながら、まったく飽きることなく、ひたすらにプレーした。

テニスの後は、川奈ホテルのレストランで美食に酔いしれる。フランス料理、天ぷら、ステーキを毎夜ローテーションで廻しながら食べていた。上質のワインの味にも慣れ親しんだ。シャブリのグランクリュ、コルトン・シャルルマーニュ、ムルソーやモンラッシェなどをオードブルとともに飲む。テニスのあとの冷えた白ワインは、たまらなくうまい。

当時、僕が勤めていた角川書店に対しては、龍が連載小説を書くという名目でここに宿泊していた。しかしその小説を龍はすでに自宅で書き上げてしまっていた。だから延々とテニスをやり、毎日美味いものを食べる、その至福のひとときを、すべて会社持ちで過ごすことができたのだ。

龍の運転するＶＯＬＶＯで川奈ホテルへ向かい、最高の贅沢《ぜいたく》に酔う。次の日もまた同じことを繰り返す。一週間繰り返し、また数週間後に川奈へ戻ってくる。当時、三〇歳を前に目の前の仕事とひたすら戦う日々を送っていた僕にとって、これは唯一解放された時間だった。龍とはお互い友人として付き合っている仲だから何も気を遣うことはない。ここは若い僕らにとって、最も社会から隔離された、治外法権の空間でもあった。

その後、龍はマガジンハウスの雑誌『ブルータス』にこの川奈ホテルでの日々を書くことになる。贅を極めた日々が、『テニスボーイの憂鬱《ゆううつ》』という連載小説となって世に出るのだ。龍とは、約二年間そういう生活をつづけた。夏以外にも川奈ホテルへは向かったが、一週間単位でコートを押さえるのは夏の時期だけだった。

その後、僕はウエイト・トレーニングに励んだこともある。ボディビルコンテストに出るつもりでもいた。現在の体型からは考えられないほどに筋肉がついていた。ジョギングにも励み、多くの汗を流した。しかし、龍と川奈ホテルのテニスコートでかいた汗ほど、爽快《そうかい》で純粋な汗はない。一日で二キロ以上痩《や》せる毎日だったのに、よく倒れずにテニスをやりつづけたものだ。

あの夏、二八歳の僕らは、たしかにキメていた。

ミッドサマーの刻印⑤

浜田省吾　19のままさ

――執筆年二〇〇二年

浜田省吾《はまだしょうご》の歌は胸を打つ。なかでも『19のままさ』という曲を聴くと、東京で大学生活を送っていた頃の、甘く儚《はかな》い恋の日々の思い出が重なり、いつも涙が溢れる。

一歳下の彼女は、中学時代から全校生徒の憧れの的だった。僕と同じ清水南高校に入ってきてからもマドンナだった。ずっと僕も憧れてきた。どうしても声をかけられなかったが、卒業式が迫ったある日、思い切って、生まれて初めて書いたラブレターを手渡した。このまま卒業していくのはどうしても後悔が残った。片想いに終わるはずの恋が、しかし、

「あなたのことをずっと素敵だと思っていました」

という想わぬ返事をもらい、叶ってしまったのだ。卒業式の日、僕らは校舎の間近にあった三保《みほ》海岸で初めてデートをした。高校三年間の思い出がつまった砂浜を、憧れだった人と歩いた。潮風に流される彼女の長い髪を感じながら僕は思った。何十年経っても必ずこの砂浜に戻ってくる、と。

彼女は一年遅れて東京の大学にやってきた。大学生活はいつも一緒だった。しかし僕が就職した頃から、二人の間には距離ができ始めた。彼女は卒業すると清水の実家に帰らなければならない。僕は東京で新しい人生を歩き始めている。すぐに清水に戻る気はなくなっていた。これ以上続くと傷が深くなるばかりだという想いに、就職して今まで知らなかった人生が開けたという別の想いが重なり、僕は彼女に別れを告げた。若さゆえの性急さなのか、号泣する彼女を置き去りにして僕も泣きながら喫茶店を飛び出した。彼女とはもうそれきりだった。

一九八八年八月二〇日、三八歳になった僕は、浜名湖《はまなこ》で行われた浜田の屋外コンサート会場にいた。角川書店で、浜田と『陽のあたる場所』という自叙伝的な本を出版した直後のイベントだった。全て立ち見のコンサート会場は、何万という人で埋め尽くされていた。

曲と曲の合間にトイレに行こうと思って移動しているときだった。会場内に、彼女がいた。誰といたのかわからない。しかし薄暗い闇の中に、確かに彼女が立っていた。彼女も僕に気づいた。凍りついたように一瞬目があう。その瞬間、彼女はふっと目を逸《そ》らし、闇の中にまぎれた。彼女の名前を呼ぼうとした。しかし、一五年以上経ったいまもなお、僕には辛い別れをしたという想いが残っていた。何も言えないまま、呆然《ぼうぜん》と立ちつくすしかなかった。するとまもなくステージ上で、浜田が、『19のままさ』を歌い始めた。

いつまでも忘れない
今でも目をこうして閉じれば19のままさ
でも僕等、もう二度と
あの日のきらめきこの腕に取り戻せない
受験日はそこまで来ているのに
何も手につかず
二人でいるとせつなくて
理由もなく喧嘩ばかり（中略）
今もあの娘　長い髪のままかな
僕はほら　ネクタイしめて
僕が僕じゃないみたい……

僕は東京で、「ネクタイしめて」月刊誌の編集長になっていた。彼女は一五年以上前と同じ、「長い髪のまま」だった。三畳の下宿で初めて男と女の関係になった一九歳の夏……「あの日のきらめき」を思い出す自分がいた。

白いTシャツにブルージーンズ、スニーカーを履いていまだにキメている浜田が羨《うらや》ましい。人は、一九のままではいられない。三〇になり、五〇になり、やがて七〇になって死ぬ。誰もが背負っている宿命だと分かっていても、「あの日のきらめき」をこの胸に取り戻したいと思いながら生きている。ただひたすらに好きになり、理由もなく毎日会い、切なく散った恋なんて、もう二度と経験できないだろう。しかし取り戻したい自分がいるのだ……。

　コンサート会場で彼女と目があった時、いまの自分が彼女にどう映っているのだろうと思った。「あの日のきらめき」をまだ自分は持っているのだろうかと。

「快楽」を武器に共同体に孤独な闘いを挑む作家　村上龍

——発言年一九九〇年

龍という人を一言でいうならば、骨太な思い切りのよさ、とでもいったらいいかな。こだわらない素朴さ、というふうにもいえますね。そんな彼の描く世界は、高速、高熱度の強力なエネルギーで駆けぬけるイメージなんですね。

村上春樹《むらかみはるき》さんが低温の、目の細かいザルで、たんねんに時代と人間をすくっていくとすれば、龍は高温の粗いザルで、それをさらっていく感じ。目は粗いけれど、スピードとエネルギーがあるから結局は全部吸い込まれちゃうんです。

彼の行動は快楽原則に貫かれていて、事物と自分との一体感を求めて突進するわけですよ。テニスもF1もスキューバ・ダイビングも、彼にとってはすべて肉体を通して得られる器官の歓《よろこ》びなんです。それはまた時代を引き付ける力でもあって、彼がいま圧倒的な支持を得ているのは、吸引力の強い彼の感覚器と想像力が時代を凌駕《りょうが》しているからじゃないかと思いますね。

龍は巨大なもの、強いもの、豊かなものに生理的に吸いよせられていく資質をもっていて、権力、超人、その究極の形としてのファシズムなどに抗《あらが》いがたく引きよせられたりするんです。だけどその本質は差別する側と、される側の個体性なんです。そこからしかエロティシズムも切なさも物語の一切も生まれないということをよく知っている。つまり差別と快楽にものすごく敏感なんですね。龍の物語への迫り方というのは、つねに個体としての人間の快楽を通してなんです。すべての人間は「共同体」や「自然」「時間」という物語の中で、生きていく。それはすごく豊饒《ほうじょう》な物語の成立をも意味しますね。だけど、その物語にこそ人々は蹂躙《じゅうりん》されてきた。じゃあ、その物語を突破していくものは何なのか？　それをどうしても突破しないとすまない野性みたいなものが龍にはある。つまり、獰猛な異物を、いまだに強烈に体の中に飼っているわけですよ。だから、突破したいというよりも、突破せざるを得ないみたいなもっと自然な感じだと思うな。多分それは、彼自身もまた、制度や共同体から抜けおちているという恐怖と恍惚をもって、生きているからかもしれませんね。

表現者と犯罪者は紙一重だとよく言われますが、それくらい強い背徳の生理が彼の身体をさし貫いていると言ってもいいでしょう。そして、それと同時に、頭ではなく器官で、宇宙的な意思を感知することのできる稀有《けう》な作家が、ようやく全貌《ぜんぼう》を現わし始めたと、僕は思っています。

謎だらけのヴァンパイア　村上龍

——発言年二〇〇二年

分からないことが多いんだよ、あまりにも。二五年も付き合っているし、一番親しい作家のひとりだけど、謎《なぞ》だらけなんですよ。私生活の断片も、原稿を書いているところも一度として見たことがない。若い頃、執筆のためという理由をつけて、会社（角川書店）の金を使って二人で川奈ホテルに泊まりこんでいた時代もあったんです。一番いい部屋に泊まって、極上のワインをガンガン注文して、美食の限りを尽くして遊ぶわけ。当時はゴルフをしなかったので、陽が照っている限りテニスをして美しい汗を流していた。一ヵ月に一週間は泊まっていたね。それを二年ぐらい続けていたんです。その後、そこでの話を龍が小説に書いたら、『テニスボーイの憂鬱』になっちゃった。そうやって甘い蜜《みつ》の時間を共に過ごし、その後も間断なく付き合ってきても、謎だらけなんだよね。

最初の出会いは、群像新人文学賞ですごいヤツが出たという記事を朝日新聞に見つけたときですね。ごく小さな顔写真が紙面に印刷されていた。その顔写真を見て、感じるものがあったんです。あらゆる手段を使って住所と電話番号を調べ上げ、『群像』が発売される前に会いに行ったんだよね。新井薬師《あらいやくし》の喫茶店だった。美しい鳥の目だと感じた。傷ついた手負いの鳥が軒端で小刻みに震えながら羽を休めている、そんな鳥がまだ生きようとする意志をはらんだ目にそっくりだと思った。龍は、「どうして作品を読んでもいないのにあなたは僕のことをすごいと言うんですか?」と不思議がっていたけどね。僕は、運命的にあるエロティシズムをその小さな写真に見たんだけど、会ってますますただものじゃないなと感じましたね。

何に悲しいと思い、何に苦しさを感じ、何に喜びを覚え、何に恍惚としているのか、見えているようで実は見えないんだよね。それでいて率直だしクリアなんですよ。それって完璧な謎でしょう。僕らはすごくクリアな関係だと思う。お互いに自立し、依存せずに生きている。よく龍が言うんだけれど、「見城とは、もたれあうことは一度もなかった」って。これが長い付き合いの秘密なんでしょうね。もたれあうことをしないセックスっていうのはどんなもんだろうと思う。もたれあうことをしないセックスを一度アイツとやってみたい(笑)。一度は裸同士で、いわゆる肉体をこすり合わせてみないとわからないだろうな。一度でいいよ、オレは男の趣味はないから(笑)。きっと謎はいつまでも謎なんだろうけれど、寝ることによって、肌を重ね合わせることによって、臭《にお》いを直接嗅ぐことによって、何かが見えてくる、糸口があると思うんだよね。あの頃の鳥の目とは違って、年を重ねたいまはもう少し猛禽類《もうきんるい》のようにアグレッシブな目にはなっているけれど……もともと人を射《い》る目なんだよね。一番の心の窓だから、その目に出会うといつも胸騒ぎがするんです。

動物なんですよ。本能がちゃんと時代のスイートスポットを撃つんです。特別な感覚器を持っている。先天的なものなんだよね。自分が好きだと思うこと、自分が快楽だと思うことにものすごく忠実。それを目指して、単に生理的な好き嫌いで動く。それが全部時代を芯《しん》で捉えている。そのための稀有な臓器を備えている。たしかにすごくブッキッシュに勉強するヤツだし、理論も構築する。全部理論構築したあとで動いているというふうに龍自身も思っているかもしれないけれど、実は全く本能の声に耳を澄ませて動いているだけ。そこがすごく彼を見えづらくするわけですよ。本能に忠実に動いているのに、非常に考え抜いているふうに見えるんです。もちろん、考え抜いてはいるんだけど。でも、考え抜いているだけだったら、五回のうち一回くらいは外す。宇宙の法則に導かれて、他の人よりも全然強いセンサーで感知して先に行くというところで、彼はかならず時代の真っ芯にいる。文明にも犯されていない。野性だから、宇宙の全てを支配している法則の中でそれを感知しながら生きている。明日のことも考えていない。自分の快楽に忠実に、自分の官能に忠実に今日を過ごし、月の満ち欠けによって動いているヴァンパイアなんですよ。だから謎なんだ。イメージを喚起し、ぬめるような、想像力を刺激する、あの文章もいまだに変わらない。エロティックだよね。熱帯の腐った果実からポッッポッッッとしたたり落ちる果汁。なんとも言えない温度や湿度、味とか色とか匂いとか表現不可能だと思われるものをちゃんと言葉で捉えることができるクリアだけど謎だらけの動物＝ヴァンパイア。それが村上龍だよね。

EXITなき広尾の店で　坂本龍一と過ごした四年

——執筆年二〇〇三年

一九七九年一〇月一二日

この夜、僕は神宮前にある「バー・ラジオ」のカウンターで関根恵子《せきねけいこ》（現・高橋恵子《たかはしけいこ》）と酒を飲んでいた。編集の仕事を早めに終え、四谷のコートで彼女にラケットボールを教えた後、近くのレストランで軽く食事を取り、行きつけだったこの店へ流れてきたのだ。

この日も、店内には名の通った建築家やデザイナー、カメラマン達が集まっていた。僕はウォッカ・マティーニ、彼女にはこの店のオリジナルカクテル「イングリッド・バーグマン」を注文して楽しい一時を過ごしていた。その時、突然一人の酔っ払った男が、モデルらしき女を四、五人引き連れて店に入ってきた。金髪の坊主頭に派手な黄色のセーターを着て、よく見ると首からポラロイドカメラをぶら下げている。

強烈な光を放つ美しい男だった。その男は僕たちのカウンターの前で立ち止まった。関根恵子とは旧知の仲らしい。彼女に一言二言挨拶をし、上機嫌なままに席に着くと

「そこのお二人さん、こっち向いて」と二度シャッターを押した。僕は自分の意志とは反対にそっぽを向き、彼女はカメラに笑顔を向けた。

男は、写したポラロイドを一枚ずつ僕たちに手渡した。それがＹＭＯの坂本龍一との最初の出会いだった。

この夜をきっかけに、少しずつ僕は坂本と親しくなっていく。その数年後、『月刊カドカワ』の編集長になった僕は、一本の企画を持ってソロになった坂本のもとを訪ね、連載を強引に頼みこむ。坂本は分刻みのスケジュールで忙しい毎日を送っていたが、快くそれを受けてくれた。

その後、わずか五千部平均だった『月刊カドカワ』の発行部数は三〇倍の一五万部まで跳ねあがった。その原動力となった坂本は、一度も休むことなく、約五年にわたり「月刊龍一」という連載を続けてくれた。その間、坂本が個人事務所を作る時には僕も我が事のように動き廻り、ソロアルバムが出るたびにプロモーション活動にも奔走した。

気がつけば、毎夜坂本と会っていた。

一九八八年四月一二日

出会った当時、二〇代の後半だった坂本龍一も僕も、それぞれの現場で時代のヒットを飛ばし続けていた。それでも、いつも何かに行き詰まり、つねに出口を探し求め、毎夜、心臓の縁にひりついた感情を抑えきれずにいた。夜の闇と共に、強烈な焦燥感《しょうそうかん》と輝かしい狂気の時間が訪れる……。

西麻布で落ち合い、三、四軒無鉄砲に飲み歩き、夜中の二時が過ぎると広尾へ流れる。夜が明け、僕の仕事が始まる時間までそこに居座り続ける。最後に辿《たど》りつく場所は、決まって広尾の「ピュルテ」という店だ。

四年間、ほぼ毎夜、いや確かに毎夜、僕たちは西麻布と広尾を流浪した。出口の見えないドン詰まりが「ピュルテ」だった。出口がないとわかっていても僕たちは毎夜ここを訪ね、ひりついた感情を酒で流した。そして朝の陽の光に日常の場所へ戻され、夕闇が訪れるとまた見えない出口を探して、西麻布から広尾への街をさ迷うのだ。

やがて坂本は、映画『ラストエンペラー』の音楽を担当すると同時に役者としても出演することになり、中国へ旅立った。が、どうも彼は中国が好きになれなかったらしい。土地が肌に合わないと、撮影が少しでも空けば東京へ戻って来た。成田《なりた》空港から真っ先に僕に電話をよこし、西麻布で落ち合い、最後は広尾の「ピュルテ」で朝まで飲み明かすのだ。坂本は疲れ切っていた。「きっと、いい映画になるんだから」と励ましつづけるしかない。『ラストエンペラー』がようやく完成すると、日本でこの作品をヒットさせようと配給会社の尻《しり》をたたき、二人で走り廻った。

八八年四月、坂本はこの映画によってアカデミー賞作曲賞を獲得する。発表が行われるL・Aには僕も出向き、受賞の喜びを分かち合った。贈られてきたシャンパンや花束に埋め尽くされた坂本の部屋で、二人だけの祝杯をあげた。その瞬間、共に捩れ合いながら過ごした焦燥と狂気の日々を思い起こしながら、どんなに無駄に思えても、無駄なことなど何ひとつない、と実感していた。

一九九三年一一月一二日

坂本龍一がオスカーを手にした後、僕の心臓はこれまで以上にひりつき始めた。坂本はYMOから独立し、『ラストエンペラー』を通じて世界に名を轟《とどろ》かせ、狭い日本の音楽界から鮮やかに脱出していった。坂本はニューヨークへ居を移し、世界へ殴り込んだのだ。

やがて僕も異例のスピードで角川書店の役員にのしあがっていった。仕事はやってきた。結果も出してきた。しかし、「結果を出す度にゼロに戻し、新しき無名を探す」という僕自身の在り様を失くしつつあることも事実だった。社内の管理業務にかまけ、外に飛び出す機会が減っていく。芝居やライブなど、新しい無名を探す旅も減っていく。面倒な作家達との付き合いも少なくなる。年齢とともにフットワークも重くなる……。坂本が日本を発《た》って以来、「ピュルテ」を訪れることもなくなっていた。ひりつかない自分がいる。このまま角川書店という安住の地に居続けていいのだろうか。そんなとき、ニューヨークから坂本の声が聞こえてくるような気がした。「見城、お前のゲッタウェイはどうしたんだい？」と。

コカイン疑惑で角川春樹社長が逮捕される前々日、僕は、社長への辞任要求に賛成票を投じたうえ、自らの辞表も提出した。一三名いる役員のなかで辞表を提出したのは、僕一人だった。そして、もう一度ひりつくために無謀を承知で四谷の雑居ビルに居を構え、幻冬舎を創った。百人のうち百人に失敗するからやめろと言われたが、ひりついた心臓に「新しく出ていく者が無謀をやらなくて一体何が変わるだろうか？」のコピーを焼きつけ、安息の地から脱出した。

何社かの企業が資本金を出すと言ってくれたがすべて辞退した。自分で用意できる一千万円から会社を始めた。すべては「新たなる無名を求めて旅に出る」という僕自身を取り戻すために。そしてまだ見えない出口を求めて戦う、飢えた豹《ひょう》の魂を呼び覚ますために。

二〇〇二年一二月一二日

幻冬舎を立ち上げて以来、出版界の記録を塗り替え、数々のミリオンセラーも生み出し、右肩上がりの業績を収め続けてきた。だが、ここで安住すれば必ず敗者になる。今だからこそ、全ての結果を葬り去って、新たな場所へ旅立たなければならない。危険な方角へ身をよじらせて走らなければならない。

上場は四年前から計画していた。制度のもとにあぐらをかいている出版界からのゲッタウェイのために、そして坂本龍一がゲッタウェイした高みへ近づくためにも……。

出版界に巣くう人間たちは、本が売れない時代だと嘆く。ブックオフ（古本チェーン）があるから本が売れない。図書館があるから本が売れない。若者の活字離れが甚だしいから本が売れない。流通制度が旧《ふる》いから本が売れない。それらの理由はすべてNOだと僕は思う。

ブックオフや図書館をきっかけに本に興味を持ち、書店に足を運び始める人もいるだろう。活字離れというならば、インターネットや携帯電話のメールがなぜあれほどマスの日常に溶け込むことができたのか。旧い流通制度に護《まも》られているからこそ出版界が生き延びていられるのではないのか。自分たちが文化を作り出しているという特権意識にあぐらをかき続けてきたことが、本が売れなくなった本当の理由ではないのか。「それ以上に面白い本」を作ればきっと売れるはずなのに、その努力をしないだけではないのか。

ここで、もう一度幻冬舎をゼロに戻す。上場し、出版界の枠を飛び出し、ソニーやトヨタと同じ土俵に立つ。上場すれば、今日の一挙手一投足が翌日の株価に響く。どんぶり勘定もできない。衆人環視の世界へ出て行くのだ。そこにはもっと巨大な市場が眠る。

麓《ふもと》でぬくぬくと太って平和に飼いならされる羊よりも、頂上を目指して飢えながら牙をむき続ける豹でありたい。ここではない、どこか他の場所を求めて……。

芥川賞の賞金　中上健次

――執筆年一九九五年

「今からそちらへ行ってお前に頼みたいことがある」

唐突な電話から二時間後、中上健次は僕の初台《はつだい》のアパートに居た。はじめて見る背広姿だった。ネクタイがうまく衿元《えりもと》にフィットしていなくて、妙な感じだったのをよく覚えている。

「三〇万円貸して欲しい。芥川賞を獲ったらその賞金で借金は返す」

なるほど芥川賞の賞金は当時三〇万円だった。要はこうである。酒場で喧嘩をして、傍にいた人に怪我《けが》をさせてしまった。向こうは警察に訴えると言っているが、三〇万円あれば示談が成立しそうだ。なんとか都合してくれ。

金もないのに二人でつるんで飲み歩き、しょっちゅう酒場で殴り合いはしていたがこんな事件に発展したのは初めてだった。中上健次はいつになく神妙にしている。すでにフォークリフトの運転手をしていた会社はやめていて、金は常になかった。

僕の預金通帳には五〇万円程があった。大学を出て入社した会社をすぐに辞めて一年間遊び暮らし、ようやく希望の出版社に就職したばかりだったが冬のボーナスがそっくり残っていた。正月にニューヨークにでも行ってみようかなどと考えていたのだが、即座にそれはあきらめた。二人で銀行へ行って三〇万円を引き出した。

その時に金がある方が払うというつき合い方をしてきたから、返ってくるとは思っていなかったが、三〇万円は痛いな、などと去って行く中上健次の厚みのある背中を眺めながらぼんやりと考えていた。第一、賞金で返すと言ったって中上健次はそれまでに三回連続候補となり、その度に有力と言われながら落ち続けていたのだ。

幾日かして中上健次から電話がかかってきた。事件は解決し、『岬《みさき》』が芥川賞の候補になった。今度こそ自信があるなどと言うのだが、借金のことは一言も触れなかった。

「もし、獲ったら」

と一番最後に中上健次は恥ずかしそうに言った。

「受賞第一作はお前の雑誌に書いてやるよ」

僕が籍を置いていた雑誌は『野性時代』というエンターテインメント誌だったから、純文学の救世主みたいな扱われ方をしていた中上健次にとってはずいぶん思い切った発言だった。

「だけど、いろんな義理だってあるだろうし、そんなことはあり得ないでしょう」

僕は跳び上がりたい程嬉しい気持ちを必死にこらえながら、つとめて冷静に答え、

「まあ、とにかくそんな話は受賞してからですよ」

と言って電話を切った。

年が明けて中上健次は戦後生まれとして初の芥川賞を受賞した。報《しら》せを待った銀座の小料理屋で中上健次は落ち着かず、メチャクチャに酒を飲んだ。相当酔いが廻り、そろそろヤバイなと思った頃に受賞の電話はかかってきた。中上健次は大きな身体をこれ以上できないくらい小さくかがめて、電話に向かって何度も何度も頭を下げた。泣いていた。僕も思わず中上健次に抱きついて声を上げて泣いた。

受賞第一作というのは本当だった。中上健次はその一週間後、校了寸前の出張校正室に自ら缶詰になり、丸二日徹夜して『荒神』という八〇枚の小説を書き上げた。僕は今でも書き終わった瞬間に僕を見上げた中上健次のくしゃくしゃの笑顔を映画のシーンのように思い出すことができる。

明け方の校正室で僕たちは握手をし、生温《なまぬる》いビールで乾杯をした。

二月に入り、授賞式が終わった翌々日だったと記憶している。朝の九時頃に中上健次から電話があった。

「今からそっちへ行く、出社しないで待っていて欲しい」

二時間後、中上健次は僕のアパートに居た。二ヵ月前にやって来た時と同じちょっと窮屈そうなダーク・スーツだった。入って来るやいなや中上健次はズボンのポケットから勢いよく札束を取り出した。

「ありがとう。約束通り三〇万円は返す」

そう言って深々と頭を下げた。あんなに深々と中上健次に頭を下げられたのは、後にも先にもその時一回きりである。後年、僕は何度も個人的に中上健次に金を貸したけれど、いつでも「文学の王がお前に金を借りてやる」と威張っていた。

僕たちはそこから五万円を抜き取って酒を飲みに行った。新宿の区役所通りには昼からやっている店があって、僕たちはそこの馴染《なじ》みなのだった。

酒を飲みながら交わす小説の話は尽きることがなかった。五軒ぐらい廻って最後の店を出る頃には、もう空は白みかけていた。小平《こだいら》まで帰る中上健次がタクシーを止めた。乗り込みながら中上健次が怒鳴る。

「おい、タクシー代がない」

僕は駆け寄り素早く中上健次の手に一万円札を渡す。僕はこの上もなく満たされていた。こんな時間が永遠に続いて欲しいと心底思っていた。

僕は二五歳。中上健次、二九歳。

こんな風にして僕の文芸編集者生活は始まった。

最後の挨拶　鈴木いづみ

——執筆年一九八六年

冬の終わり頃だった、ような気がする。女友達との真夜中の電話の最中に、その声は割り込んできた。

「鈴木いづみと申します。見城さんですか」

聞き覚えのある抑揚のない言い方だった。

一瞬、僕はめんどうくさい気がした。女友達との話は佳境に入っていたし、数年前の鈴木いづみの電話攻勢には、正直言って辟易していた。僕は自分の電話がキャッチホンであり、今は通話中であることを説明した。そうして、もう手帳から消してしまった彼女の電話番号を聞き、おり返しかけ直すからと言って受話器を置きかけた。

その時、彼女が言った言葉を、僕ははっきりと思い出す。彼女は、こう言ったのだった。

「必ず電話をください。昔、親しかった人たちに挨拶をしたいのです」

それっきり、僕は電話をしなかった。三ヵ月ほどたって『写真時代』の編集長だった末井昭《すえいあきら》さんの編集後記で僕は彼女の自殺を知った。同時に彼女の最後の言葉の意味も知ったのだった。

その頃、僕は女房と初台に住んでいた。僕は『野性時代』という小説誌の編集者で、新人作家の発掘に仕事の大半を割いていた。

彼女の小説を評価していた五木寛之さんのすすめで、僕は鈴木いづみと初めて会った。場所は新宿の「コーヒーロード・しみず」の二階、やたらに踵《かかと》の高いハイヒールと脱色したような赤茶色の髪、すべての前歯が抜け落ちた口元が印象的だった。以来、僕は彼女と何度も会うことになったが、夫・阿部薫の鉄拳《てっけん》によって失われたというその前歯は僕の知っている限りでは決して埋められることがなかった。そして、この出会いの時が、僕と鈴木いづみが二人きりで会った最初で最後だった。

阿部薫は明け方の出張校正室まで、鈴木いづみに同行して来たし、中野《なかの》の喫茶店で待ち合わせる時も必ず鈴木いづみの隣には彼がいた。阿部薫が死んでしまってから、僕と鈴木いづみは数え切れないくらい電話で話したけれども、僕らは会うことはなかった。

阿部薫と暮らしている時も、彼女はよく僕のところに電話をしてきた。それはゲラの直しのことだったり、次の小説の構想だったりもしたが、たいがいは阿部薫との揉《も》め事《ごと》だった。自分の足の指を切り落とした、阿部薫に殺される、撲《なぐ》られて眼が開かないなどと延々と喋《しゃべ》り続けるのだが、決して昂奮《こうふん》しているのではなく、どこか醒《さ》めている感じが電話口から伝わってきた。

そんな翌日、彼女に会うと、必ず阿部薫も一緒にやって来て、「この人は最低なのだ」と淡々と喋る鈴木いづみの横で、阿部薫は黙ってお茶を啜《すす》っているのだった。

僕は、口数の少ない、まっ青な顔をした、その小柄な男が好きだった。鈴木いづみが淡々と、しかしいつまでも喋り続けるのとは対照的に、阿部薫はボソボソと俯《うつむ》いてしか話さなかったが、前衛的なジャズを奏《や》るというその男の、時々独り言のように洩《も》らす一言一言は奇妙に僕の胸に突き刺さった。

鈴木いづみが『野性時代』に書いた小説を僕は、ほとんど忘れてしまっている。原稿でもゲラでも何回も書き直してもらったはずなのだが、不思議にストーリーも、その一行も浮かんでこない。書かれている内容の酷《むご》さとはうらはらに、影絵のように印象の薄い小説だったような気がする。

鈴木いづみにとって、すべてのことは、小説すらも、本当はどうでもよいものだったのかもしれない。あらゆるものに無感覚になっていく喪失感を、すでに静かに受け入れるしかなかった鈴木いづみにとって、たったひとつ、阿部薫だけが痛切だったに違いない。阿部薫の痛みに同化すること、それこそが彼女の生きながらえるたったひとつの理由だった。

「別れたい。別れたい」と繰り返しながら、結局、いつでも、どこでも、鈴木いづみは阿部薫と一緒にいた。阿部薫には、この世界に対する強い違和感のようなものが全身から漂っていて、その傷めた魂を想う時、人を慄然《りつぜん》とさせる負の存在感が、確かにあった。鈴木いづみは自分がとうに失ってしまった熱烈なる痛苦を病んでいる阿部薫を、どこかで焼けるように嫉妬《しっと》しながら、どうしようもなく身をすり寄せていかざるを得なかったのに違いない。

足の指を切り落としたように、彼女は自らの肉体を欠損させることによって、何かを証明しようとしていた。そうでもしないことには、阿部薫にはとても追いつけない、とでもいうように。

多分、早熟な少女は阿部薫と出会う以前に一回人生を終えてしまっていたのだ。世界を律儀に愛し過ぎてしまった少女は、世界と激しく揉み合い、拒絶され、見捨てられて死んだように生活していた。

二人が、いつどこで、どのように出会ったのかは僕は知らない。ただ、阿部薫の出現は、もう一度生きてみたいと、鈴木いづみに強く願わせたのだった。

阿部薫の痛みを我がものにすること、それだけのために彼女の残りの日々は、あった。

「騒〈GAYA〉」というジャズ・スポットは初台の甲州街道沿いの汚いビルの中にあっ

た。僕と女房は退屈するとよくその店で時間を潰《つぶ》した。僕はともかく、女房は相当のジャズ通だった。ライブ・スポットとは名ばかりの、ミカン箱が椅子《いす》の代わりに置いてあるような殺風景な店だった。僕と女房は、そこでサントリー・ホワイトの水割りを飲み、女主人と話し込み、たまに、名前も聞いたことのない、若いジャズメンの生を聴いた。

ステージもないその店で、阿部薫が奏ることになったと女主人に聞かされたのは、鈴木いづみと阿部薫を識《し》ってから、随分とたってからのことだった。生を聴かせて下さい、と頼んでも、俺は気が向かないとダメだから、と気負うでもない彼のはにかむような答えが返ってきて、一体、いつ演奏しているのかと、生活費のことも考えると心配だった。ただ『なしくずしの死』とタイトリングされた二枚組のＬＰだけは突然のように僕の自宅に送られてきたりして、そういう意味では阿部薫は確かにプロのジャズマンなのだった。

夜の街で阿部薫にばったりと出くわすと、

「せっかく、やる気になったのに、サックスが質屋に入っていてどうしようもなかった」

とサラリと言って雑踏に消えて行き、鈴木いづみからは、

「今夜も、薬の飲み過ぎで、彼はライブのステージをすっぽかしてしまったんですよね」

などと電話がかかってきたこともあったから、〈GAYA〉で奏ることになったと聞かされても、ちょっとにわかには信じがたかった。

その幻のジャズマンのプレイを僕はようやく〈GAYA〉で聴いた。客は、僕と女房、そして鈴木いづみ。それで全部だった。

阿部薫の演奏中、鈴木いづみは眼を瞑《つむ》ってその昏い音を聴いていた。時折、サントリー・ホワイトの水割りを一気に飲み干し、お代わりを注文し、また眼を閉じた。

鈴木いづみの脳裏をよぎっていたものは、一体、何だったのだろう。確かな手ざわりで存在した遠いかつての濃密な時間だったのだろうか。それとも、自らを切り刻んでも切り刻んでも追いつけない、阿部薫の深い闇に想いを馳せていたのだろうか。

阿部薫はほとんど蹲《うずくま》るようにして、奏っていた。メロディを拒絶した、単なる一個の音が、阿部薫の肉体から絞り出されていた。世界《メロディ》に奪われた音を〈物《ブツ》〉そのものに還《かえ》そうという悲壮な意志に満ちた破壊と再生を賭けたアルト。過激というよりは、それは音の究極に近かった。

この男はもう長くはないなと、僕ははっきりと思ったが、それを口に出すのはあまりにも馬鹿《ばか》げていた。阿部薫のアルトを生で聴いた者は誰でもそんなことは思っただろうし、誰よりも鈴木いづみがそれを一番よく知っているはずだった。

数カ月後、阿部薫は薬の飲み過ぎで、あたかも予定されたように、逝ってしまった。

〈GAYA〉で行われた追悼コンサートも葬儀も、友人達の集まりにも僕は一度も顔を出さなかった。

「薬《ドラッグ》でも演奏《プレイ》でも俺は一度だって楽《ハイ》になったことがない」

「俺はアルトになりたい」

いつか二人きりになった時、阿部薫が呟いた言葉、言葉を僕は思い出していた。

鈴木いづみは、以前と変わらず淡々とした調子で僕に電話をかけてきて、阿部薫について、二人の間に生まれた子供について、そしてこれからの生活について果てしなく喋り続けた。鈴木いづみにしてはめずらしく、時折、感情を込めて呻《うめ》くように「さみしい」という言葉が発せられていた。

鈴木いづみが生きていく理由は、これでほとんどなくなったな、と僕は思っていた。できるなら——、
と僕は言った。

「何年先になってもいいから、阿部薫との出会いから別れまでを長い小説にして欲しい」

それをきっちりと書き終えてから鈴木いづみは死ぬべきだ。

鈴木いづみはやがて小説なんて書かなくなるだろうという予感がしたが、その時はそんなことでも言わなければたまらない気分だった。

「そうね。やらなくっちゃあね」

鈴木いづみは独り言のようにそう答えた。

それから数年がたった。僕は会社の部署を三つも変わり、『月刊カドカワ』の編集長になったが、その年の冬の終わりに電話がかかるまで鈴木いづみのことを思い出すことはなかった。

鈴木いづみは生活保護を受けながら阿部薫との子供を育て、その電話の数週間後、子供の目の前で首を吊って自殺した。享年三六歳。

鈴木いづみと阿部薫のことはここに書いた以上には、もう明確に思い出すことができない。

今でも耳にこびり付いて離れない言葉がたったひとつだけある。

阿部薫が死んだ年の冬、僕は女房と離婚した。それを電話で知らせた時、鈴木いづみは少し間を置いて、

「長く生きていると、人はみんな、さみしいね」

と言った。

物語の夜　五木寛之

――執筆年一九八〇年

今でも、あれは現実の時間だったのだろうかと、思うことがある。

場所はイスファハンのシャー・アッバス・ホテルの内庭、五木さんと僕は遅い夕食のあと、熱い紅茶を飲んでいた。大きな月が天空にかかっていて、空気が澄んでいるせいか、その光だけで充分に明るかった。内庭は白樺《しらかば》の木と草花で飾られていて、かすかな植物の匂いがひんやりとした風に乗って伝わって来た。遠くに王のモスクのブルーの丸屋根と長尖塔《せんとう》が見え、どこからかコーランが聞こえた。僕達は何も話さず、何杯も紅茶のお代わりをして、ただ白いベンチに坐《すわ》っていた。

一六世紀に建築されたシャー・アッバス・ホテルは世界三大ホテルのひとつと言われ、キャラバン・サライ（隊商宿）として栄えた由緒ある伝統を持つ。

僕は紅茶をすすりながら、自分がかつて隊商がシルクロードを往《ゆ》き来《き》した時代にいる幻想に捉われていた。実際、このホテルはその頃とほとんど変わっていないはずだった。

時間は停止して、三百年、四百年を一挙に繋《つな》げて、今、僕はここにいる――。

五木さんはその時、何を思っていたのだろう。昼間なのに薄暗い部屋の中で、老婆のとなりに正座して、黙々と自分の数十倍もある絨毯《じゅうたん》を織っていたいたいけな少女のことだったろうか。それとも、ホテル近くの古道具屋で買い求めた涙壺《なみだつぼ》にまつわる伝説についてだったのだろうか。

僕達がテヘランのメヘラバード空港に降り立ったのは『燃える秋』の連載が『野性時代』で始まってからちょうど半年たった一九七七年五月二五日の早朝だった。

その朝から五木さんは、バザールの店の一軒、一軒が出してくれる熱い紅茶をスタミナ源にするかのように飲み干し、驚くべきタフさで、女達の一生を吸い取って美しく織り上がる夥《おびただ》しい量のペルシア絨毯を一枚一枚見て回った。

バザールは入口からは考えられないくらい、奥行と幅があって、外国人は誰も入ってこないようなところまで五木さんは入り込んで行くのだった。

僕達は翌日イスファハンに向かった。運よくシャー・アッバス・ホテルの部屋が取れたのである。イスファハンでも五木さんは僕が音をあげるほど精力的に動き回った。あまりにも長くバザールの中にいたため、外へ出ると僕は目が眩《くら》んだ。この国では光と影が明瞭《めいりよう》に分れすぎる。

シャー・アッバスでの幻想的な夜、僕はとても疲れていたのかもしれない。停止した時間の中で、僕は自分が、遠い昔から伝わる物語の世界の中にいる気がしていたのだった。

『燃える秋』は膨大な時間の流れを貫通して甦《よみがえ》った現代の女の生き方の神話なのだ。やがて亜希の愛と別れが人々の精神のひだ奥深くにしみ込んで、時代を象徴する物語となる日がやって来るだろう。

京都、祇園《ぎおん》祭り、絨毯、シルクロード、ペルシャ——。

新しい神話の創造のためには、幾時代をも経て生き残ってきた、人々の記憶と営為の集積が必要だった。

神話が神話であるために、幾多の王と王女の物語を編んだ千夜一夜の都で、亜希もまた旅立たねばならない。

〈女子はいかに生くべきか〉

男たちが黄金を追って、砂漠を越え、剣を振るうよりももっと血沸き肉躍る戦いと冒険に、亜希は出発したのである。

スリリングな巨人の綱渡り　五木寛之

——執筆年一九八三年

『流されゆく日々／3　花はどこへいった』は、一九七七年一月から六月まで「日刊ゲンダイ」に連載された語り下ろしエッセイを収録している。

少しタイトルにこだわってみたい。自分の意志を伝達するために五木さんはタイトルに百パーセントの努力を支払っていると思われるからである。

五木さんの第一エッセイ集は、改めて紹介するまでもなく『風に吹かれて』である。小説家としてはもちろん、エッセイストとしても時代をしたたかに活写するペンの冴《さ》えを見せ、実に多くの読者を魅了した作品である。

このタイトルは、ボブ・ディランの大ヒット曲から採られている。一九六〇年代末の文化シーンのテーマソングともいうべき曲のタイトルを、あえてコピー（複製）した五木さんの意図は含蓄《がんちく》に富んでいる。異議申し立てするサイドに立つこと、自己表現のジャンルは通底するのだということ、複製文化の時代であること、文化はインターナショナルにならざるを得ないこと等々、それ以降の五木さんの質量ともに超人的な創作活動のアウトラインを告知するタイトルであったと、二十年近い時間をへだてて、しみじみと思い知らされる。

さらに言えば、これが眼目なのだが、「風に吹かれて」という「受動」の助動詞の意味についてである。唐突に聞こえるかも知れないが、五木さんほど「人間とは投げ出されてしまっている存在である」ということを、骨身に徹して体得している作家はいないのではあるまいか。「デラシネ」や「引き揚げ体験」、「怨歌《えんか》」といい「戒厳令」といい、五木文学のキイ・コンセプトは常に受動の刻印を帯びている。人間存在の被投企性こそが、五木さんの第一テーゼにほかならない。

一九七五年一〇月以来まる八年以上もの間、休筆宣言の最中も続けられているこのエッセイのタイトルは「流されゆく日々」である。いまもなお、五木さんは「受動」の助動詞にこだわり続けている。いや、こだわるというのは正確ではない。五木さんにとって、人間は受動態こそがナチュラルなのである。「流されゆく日々」とは、現在進行形としての受動態の最もストレートな表現であると言えるだろう。

人間は受動態である、という基本的認識は、投げ出された人間＝五木寛之の世界に対する構えを象徴するとともに、創作方法の秘密をも暗示しているのではないだろうか。

本巻中に小説『燃える秋』の取材でイランを訪れる一節があるが、私も担当編集者として同行した。私にとって五木さんとの思い出深い仕事であった。だから、ふだん愛読している「流されゆく日々」のなかでも、本巻はひときわ愛着深いものがある。

五木さんを親しく知る以前、私にとって五木さんは巨人《ヒーロー》であった。そのことは『燃える秋』以後も何ら変わるものではない。しかし、同じ巨人とはいえ、現在の私には、受動態である運命を引き受け、そこにすっくと立っている巨人《ガリバー》という印象が強い。ひとしなみに小人たることを強いられているなかで、ひとり五木さんが、受動から能動への転轍機《てんてつき》に手をかけている姿が、私にはくっきりと浮かび上がってくる。それとても、五木さんにとっては状況に強いられた選択なのであるのだろうが。

本巻の中で、デラシネという言葉についてこう語られている。「ぼくの言う『デラシネ』というのは、自分は根付きたい、あるいはそこにルーツを求めたいと思っているにもかかわらず、権力とか公害とかによって、そこから物理的に追い出された人たちのことなんです。(中略)すべての現代人は否応《いやおう》なしに、いつデラシネになってしまうかわからないという、共通した宿命を、多かれ少なかれ背負っているんじゃないか」

こうしたユニークな認識を、五木さんの引き揚げ体験などから説明する人は少なくない。過去の原体験があって、現在の結果があるという見方だ。しかし、私にはとてもそのようには思えない。全く逆だと思うのだ。現在、五木さんが意に反して、苛烈《かれつ》な状況を生きているからこそ、満州《まんしゅう》・朝鮮体験が明確に再構成されてくるのである。休筆宣言中とはいえ、「流されゆく日々」はかつてない高いボルテージで、誰もが投げ出されてしまっている現代という時代に拮抗《きっこう》する〈言葉＝物語〉に照準を当て続けている。五木さんにとってまわりは今も真夜中なのだ。眠るわけにはいかない。珈琲屋《コーヒーや》でねばっている。（本シリーズ第二巻のタイトルは『真夜中の珈琲屋で』だった）。

私は、五木さんその人や創作活動に触れるたびに「人間は受苦的な存在である」というマルクスの言葉を思い浮かべる。マイナスのカードを持っているからこそ、プラスに転じる可能性がある。だから、より多くのマイナスのカードを引き受けよう。こうした逆転の弁証法を五木さんは首尾一貫して体現しているのである。そういえばお顔の方も最近ますます苦み走ってきた。

本シリーズの第一巻は「ミミズクの綱渡り」と題されている。五木ファンにはもうおなじみのミミズクだ。昼夜逆さになった生活ぶりをもじったものだろうが、いうまでもなく、この鳥は知恵のエージェントでもある。ミネルヴァのふくろうは夕暮れに飛び立つという。時代のたそがれ時に、知恵の鳥が使命を果たす。自分をふくろうといわず、ミミズク（ミミズクはふくろうの一種である）と名乗るところに五木さんのユーモアが漂う。とはいえ、いまや時代は、五木ふくろうが飛び立つことを需《もと》めている。それは同時代を生きる無数の読者の意識の深層がそのはばたきを待望していると言ってもよい。時代状況が煮つまれば煮つまるほど、逆転の弁証法は大きな弾機《バネ》となって豊かな実りをもたらしてくれるにちがいない。

ともあれ、本巻の表題にもなっているように、自分の命運を〝花〟にたとえた巨人《ガリバー》は風に吹かれて、流されゆく日々の果てにどこへ行くのか?

この「流されゆく日々」のエンドレスの語り継ぎは、五木さんが時代を帯電する人間であることのあかしであるとともに、言葉の巨塊《マッス》でもって時代をおおいつくそうとする、なんともスリリングな巨人《ガリバー》の綱渡りの試みなのである。

夏樹静子の『デュアル・ライフ』

――執筆年一九九八年

一度きりの人生、と言う。むろんそれは厳然にして粛然たる事実である。抗うことはできない。人が、小説でも映画でも芝居でもいい、虚構の世界に惹《ひ》かれるのは、とりもなおさず自らの人生がただ一度しかないのだと受け容《い》れることの代償行為なのではないか――と、そんな言葉をいつかどこかで聞いたことがある。

四六歳になる本書の主人公・時《とき》津《つ》逸《はや》人《と》は、物語の冒頭でこう述懐する。

〈三十歳から四十六歳といえば、人の一生を決定するほど大切な時期であり、もっとも活力あふれる男ざかりともいえるはずだが、自分はその時間とエネルギーを、周囲の成り行きに押し流されて、不本意な方向へ消費し尽くして来たのではないか？　心の奥底では、もっと別の生活を望んでいたような気もする〉

ここまでで終わるのなら、これは意地悪く言ってしまえば中年男のセンチメンタリズムに過ぎない。同年代の読者なら誰もが多少なりとも思い当たる節があり、だからこそ素直にうなずくのをためらってしまう、そういう種類の言葉である。

しかし、述懐はつづく。

〈とはいえ、ではそれ以前の東京暮らしが素晴らしく充実していたか？　もっと前はどうだったかと自問してみても、いつ確かに、もっとも望ましい生活を送っていたという答えは出てこないのだ〉

物語は、妻の父親から引き継いだ建設会社を発展させて傍目《はため》には幸せそのものの毎日を送っている時津逸人が、自分は膵臓《すいぞう》ガンではないかという疑念を抱くところから始まる。先の言葉も、病院で検査を受ける前、不安にさいなまれるなかでのつぶやきなのだ。時津逸人はほんとうに膵臓ガンなのか、ガンだとしたら病状はどの程度のものなのか、余命は、家族は、会社は……。さまざまなサスペンスを孕んだ冒頭部において、先の述懐は決して目立ってはいない。が、ストーリーが進行するにつれて、読者は、その言葉こそが物語全編の主題に大きくかかわっているのだと知るはずだ。

想像していただきたい。ガンに冒され余命いくばくもない主人公が、残された日々を〈別の人生〉に、かつて自分が見過ごしてきた〈もっとも望ましい生活〉に費やしていくという物語、いわば過去に遡《さかのぼ》って人生をもう一度やり直す物語……それは、なんと陳腐なものだろう。なんとセンチメンタルなものだろう。そして、小説としてなんと安易な試みだろう。

夏樹さんは、そんな愚は犯さない。

時津逸人はガンではなかった。検査の結果は、慢性膵炎。死の恐怖がいっぺんに拭《ぬぐ》い去られたわけだ。〈目に映るもののすべてが、にわかに生き生きとした色彩を取り戻し〉、〈仕事への新たな意欲が湧《わ》きおこってくる〉。そのうえで、時津逸人はひとつの決意を固めるのだ。

二〇年前の罪を償いたい。結婚を誓い合いながら裏切ってしまった恋人・高坂史《こうさかふみ》に、償いをしたい。

〈自分が過ごしてしまった二十年間は、もうやり直しがきかない。しかし、高坂史に償いをすることは、今からでも間に合うのではないか?

いや、今しなければ、紙一重で自分を生還させてくれた運命の神が、もう二度とその時間とチャンスを与えてはくれないかもしれない……〉

死を目前にした男が、美化された現実逃避よろしく過去へ遡行《そこう》するのではない。むしろ逆、生を約束されたからこそ、時津逸人は過去の罪を、あくまでも現在に引き寄せて償おうとする。彼が心の奥底で望んでいた〈別の人生〉〈もっとも望ましい生活〉は、自ら認めるとおり、過去のどこにもありはしない。〈今〉なのだ。

デュアル・ライフ——二重生活。〈もうやり直しがきかない〉人生を捨てることなく、もうひとつの、償いの生を生きる。人生が一度きりだということは動かしようのない事実だとしても、しかし、ならば人は二つの人生を同時には生きられないものなのか……。

読者は、その主題を時津逸人と共有しつつ、本書をひもといていくことになる。

デュアル（dual）という言葉は、今日では「二つの、二重の」と訳されているが、古代英語には「一対の」という意味もあったのだという。

いにしえの語義を念頭に置いて本書を読み進めてみると、時津逸人の生きるデュアル・ライフじたいの、それこそ文字どおりの〝デュアル〟が浮かび上がってくる。

時津逸人は高坂史と再会を果たしたものの、彼女は裏切られたショックがあまりにも苛酷だったせいで逆行性健忘に陥り、時津逸人にかんする一切の記憶を失ってしまっていた。時津逸人が生きられなかった〝ありうべき二〇年間〟は、高坂史にとってもまた空白の二〇年間だった、という皮肉で哀しい一対の構図ができあがる。

その空白を埋めていく男女の再会物語のお定《き》まりの展開も、時津逸人には許されない。名乗ることすらできない。失われた記憶が甦ってしまうと、高坂史は再び絶望の淵《ふち》に突き落とされるはずだ。それでは償いの意味がなくなってしまう……。

時津逸人は、故郷の親友・柳原一根《やなぎはらかずね》の名前を借りて、高坂史への償いの日々を過ごす。自分とは対照的な〈物静かで心豊かな日々を重ねてきた〉柳原の存在が時津逸人のデュアル・ライフにまた新たな一対の構図を溶かし込んでいくのだ。

〈一つの目的を達成するとつぎへ、それも成し遂げるとさらに大きな目的に向かって、時津は前進した。たえず追い求めていた。際限のない目標、つまりは自分の限りない欲望に追い立てられて、疾《と》ぶようにすごしてきた。
一日も、本当に暮らしたことはなかったような気がする〉　（傍点・原文）

〈柳原は、与えられた条件を素直に受容して、その中で精一杯努力し、しかも自分の生活を豊かに楽しみ充実させている、そういう不思議な才能を賦与《ふよ》された男のように見えた〉

時津／柳原の一対の構図は、哀切なまでの重みとリアリティをもって読者の胸に迫ってくる。なぜか？　時津逸人が柳原一根へ寄せる憧憬《どうけい》は、読者ひとりひとりにとっても身につまされるものだからか？　それもある、もちろん。しかし、それだけではない。

作家の実生活と作品とを軽々に結びつけるのは慎《つつし》むべきだとは承知しているが、少なくとも本書の場合には、夏樹さん自身の〝体験〟を作品に照射することは、決して無意味ではない。本書『デュアル・ライフ』には、一冊のサブテクストがある。僕には、そう思えてならないのである。

一九九三年一月から約三年間にわたって原因不明の激しい腰痛に苦しんできた夏樹さんは、その体験を『椅子がこわい』（文藝春秋刊）に子細に書き綴っている。本書『デュアル・ライフ』が「サンデー毎日」誌に連載されていたのは一九九三年八月一日号から翌九四年四月二四日号にかけて。まさに腰痛の苦しみのまっただなか、『椅子がこわい』によると〈腹這《はらば》いで原稿を書〉かざるを得ない状態のなかで生まれた作品である。〈仕事は思いきってこれ一つに絞り、ほかの約束は編集者に事情を話して延期してもらった。週刊誌一本だけでも、今の状態で締切りを抱えることはかなりの負担になった。他方、あれも書きたかった、これも書くはずだったという焦燥に胸を灼かれた〉

（『椅子がこわい』より）

いかがだろう、夏樹さんの焦燥は、時津逸人の思いに〝デュアル〟に重なりはしないか。

そして、さらに——。

幾多の名医のもとを訪ねてもいっこうに治癒しない腰痛の原因は、意外なところにあった。ベストセラー作家「夏樹静子」の存在を支えつづけることに疲れきってしまった潜在意識が休息を要求して発したSOS信号だというのだ。

「夏樹静子」というペンネームと「出光《いでみつ》静子」という本名、二つの名前が共存するというよりむしろせめぎ合ってきた夏樹さん自身のデュアル・ライフの葛藤は、時津／柳原の葛藤ときれいな相似をかたちづくる。

しかも、だ。これは思いきり大きな声で伝えておきたい。夏樹さんの腰痛の原因が明らかになったのは一九九五年八月のことで、『デュアル・ライフ』の単行本版の刊行は一九九四年一一月。すなわち、本書は、夏樹さんが夏樹静子／出光静子という自らのデュアル・ライフの葛藤を意識する以前に著された作品なのだ。

執筆、いや構想の段階から、夏樹さんの潜在意識はメッセージを発していたのではないか？　人は二つの人生を同時に生きられるものなのだろうかという重い問いを、時津逸人を通じて夏樹さん自身に投げかけつづけていたのではないか？　高坂史が時津逸人の裏切りを〈そのまま憶《おぼ》えていると、精神が破壊されてしまうので、本能的な抑圧が働いて、その記憶を無意識の世界に封じこめてしま〉ったのは、夏樹さんの潜在意識がSOSを腰痛で知らせたのと同じではないのか？　時津逸人が「柳原一根」として高坂史と暮らしを営む街が〈希望ケ丘〉に設定されたのは、物語上のレトリックを超え、安らぎを得たい潜在意識の祈りゆえではなかったか……？

答えは誰にもわからない。おそらくは夏樹さん本人ですらも。ならば、僕たち読者はただ、優れた表現者とその作品のみが持つ予見性とも呼ぶべき符合に慄然とし、居住まいを正しながら、またあらためて『デュアル・ライフ』の頁《ページ》をめくっていくしかないだろう。

本書は、川の物語でもある。

たとえば、時津逸人が、高坂史の暮らす前橋《まえばし》の街を訪れたときに思い出す、萩原朔太郎《はぎわらさくたろう》の詩の一節は〈過ぎゆく利根川《とねがわ》の水にいっさいのものを捨てんとす〉。高坂史の一人暮らしのマンションも川べりと言っていい位置にあるし、時津逸人が繰り返し思い出す故郷・耶馬渓《やばけい》の清流は、柳原一根の人生につながり、物語の最後に置かれたショッキングな出来事の舞台ともなる（解説文から先に読む流儀の読者のために、出来事の内容はここでは明かすまい）。

また、時津逸人と高坂史の逢瀬《おうせ》は、常に川の流れとともにあるのだが、その巧みな構成はどうだ。

「柳原一根」として高坂史の前に現れた時津逸人が、〈静かに離れて見守ることが、いちばん望ましい処し方であるにちがいない〉と頭ではわかっていながら〈それではおさまらないところまで、ボルテージが上がってしまっ〉た契機となった東京でのデート。それは、水上バスで隅田川《すみだがわ》を河口から遡っていく短い旅だった。

水上バスの中で、高坂史は時津逸人に三島由紀夫《みしまゆきお》の『橋づくし』の話をする。少女たちが無言の行で願掛けをしたものの、一人また一人と落伍《らくご》してしまうという短編小説である。

そのときの二人の会話を引いておこう。

〈「結局、誰も満願成就できなかったわけか」

「さあ、最後のところは忘れてしまいましたけど、こんなにつぎつぎ橋をくぐっていくと、その話を思い出しちゃって……」〉

そして、物語は中盤に至って、大きなヤマ場を迎える。時津逸人と高坂史は上越《じょうえつ》国境の谷川岳山麓《たにがわだけさんろく》・湯檜曾《ゆびそ》温泉へ向かい、二〇年の時をへて結ばれるのだ。

〈「ここで川が岐《わか》れるんですね」

地図を見ていた史がいった。

「左へ行くと湯檜曾川。右はまだ利根川です」

「湯檜曾川の源流は谷川連峰だろう」

いよいよ上越国境の分水嶺《ぶんすいれい》の足許《あしもと》まで来ていた〉

隅田川を海から遡ったときに本格的に始まったと言っていい時津逸人のデュアル・ライフは、川の流れに抗って上流へ上流へと進み、ついに分水嶺まで来てしまったわけである。

分水嶺を越えることとは、言うまでもなくデュアル・ライフのバランスが「柳原一根」の側に傾くことだ。

時津逸人は、それを目指して、〈とにかく行けるところまで行ってみようか〉と谷川岳へと車を走らせるのだが、一本道の国道は途中で途切れてしまう。

〈「やっぱり行き止まりだったんですね」

史がポツリと呟いた。

「いや、必ずしも行き止まりということはない」

時津がいい返した。

「ここからは登山者のためだけの道で、国道は終わっているけど……いや、そうでもない。さっき地図を見たら、山の向こう側から、また291号線が始まって、日本海まで続いているんだよ。つまり、山の下を、深い地下水脈のように流れ続けて、また道路が新しく始まるといってもいい」

何を妙なことにこだわっているのかと、彼は思った〉

いや、こだわらざるをえないのだ。〈深い地下水脈のように流れ続け〉る幻の道を見ることは、高坂史と過ごせなかった二十年の歳月をどうにかして〈今〉につなげたい切なる願いの支えであり、家族には決して知られることなく「柳原一根」として生きていけるはずだという希望のよすがでもあるのだから。

それは、はたして叶えられるのか。

時津逸人のデュアル・ライフは、分水嶺を越えて、新たなる海へと注ぎ込むことができるのか——。

その先を語ってしまうのは、解説の本分を踏み外すことになりかねない。

作品を、読んでいただきたい。

何度でも、読み返していただきたい。

すると、あなたは気づくはずだ。物語の終盤の急展開やどんでん返しの連続は、すべて、登場人物それぞれが隠し持っていた〈深い地下水脈〉のなせるわざだったのだ、と。

多くは語れない。僕が語っては、ならない。物語の興趣は、あくまでも物語の中にある。

ただ、ひとつだけ、さっきのサブテクストの中から引こう。

〈川の水には表流水と底滞水があり、表流水が速くて元気がいいほど、底滞水は停滞し、微生物が湧いて底質が悪くなりやすい。一方、自ら攪拌《かくはん》する川というのもあって、それは底質が劣化することはないという。

人間も表流水ばかりに気をとられないで、時には自分の川底をひっくり返して攪拌しなければいけないのかもしれない〉　　　　（『椅子がこわい』より）

なるほどなあ……とうなずきながら引用部分を再読した僕は、たったいま、『デュアル・ライフ』巻頭の頁を開いて、息を呑《の》んでしまった。

そこには、時津逸人がデュアル・ライフを生きるそもそものきっかけとなったガン疑惑、その端緒である〈身体《からだ》のかすかな異常〉を感じた時期が、こう書かれていたのだ。

〈暦の上では「啓蟄《けいちつ》」の頃だった〉

地中で冬を越えた虫たちが外に出てくる、啓蟄。いやはや、すべてはこの時点から暗示されていたのか……。

最後に、私事を述べさせていただく。『デュアル・ライフ』が「サンデー毎日」誌に連載されていた一九九三年秋、僕は人生の大きな岐路に立っていた。一七年間勤めてきた出版社に社会的に見て決して小さくはない〝事件〟が生じ、僕は会社を辞めるかどうかの決断を迫られていたのだ。

悩んでいた。迷い、苦しんでいた。人は、なぜ、同時に二つの人生を生きられないのだろう——。ずっと、そう考えていた。

だからこそ、時津逸人のデュアル・ライフに強烈に惹きつけられた。時津逸人の煩悶《はんもん》も、贖罪《しょくざい》の念も、喜びも、苦悩も、エゴイズムさえも、まさに川の水が流れるがごとく胸に沁《し》み入ったのだった。

あれからすでに丸四年が過ぎた。

僕は結局、会社を辞め、仲間たちと小さな出版社を興して、現在に至る。

夏樹さんは腰痛も癒《い》え、魅力的な作品をまた以前のように読者に届けてくれている。

時津逸人は……いま、どうしているのだろう……。

そんなことを、僕はときどき、考える。

会社設立の頃　内田康夫

——執筆年二〇〇六年

絶対に失敗するという業界の大合唱のなか、幻冬舎を設立登記したのが一九九三年一一月一二日、その年の一二月五日の内田《うちだ》さん宛《あて》の手紙の下書きが残っている。僕はどうしても新しい会社で内田さんの小説を出版したかった。

「いただいた『箱庭』を読みたくてうずうずしていたのですが、帰京してすぐ風邪《かぜ》の高熱でダウン、その後、各取次との最終契約（これがめんどうくさいのです）でバタバタしておりまして、ようやくこの土・日で一気に読了させていただきました。

政財界のつくり出す巨悪を、それに巻き込まれた庶民の側からその夢と悲哀と憤怒《ふんぬ》を、一個の人間の生の重さと生活感の中に描き出し、なおかつ、権力の持つ二重、三重の構造性を警察の内部の葛藤をも含めて剔抉《てっけつ》することこ数年の内田さんのお仕事に感動すら覚えます。

そして、人々の無意識の細胞の奥深いところに眠っている核心に触れるが故に、数千年の時間を貫いて残ってきた信仰や行事、神話や伝説を時には象徴的に、時には薄い下敷きにする内田さん独特の説話性は、現代日本というシステムのアクチュアリティと相《あい》俟《ま》って、日本という風土でしか生まれ得ない新しい小説の力の出現を予感させます。

（中略）

やがて、内田さんはもっとはっきりと、時間＝自然＝差別＝物語という逃れようのない苛酷な、しかしそれ故に豊饒な宇宙のあらゆるものを支配する桎梏《しっこく》に分け入って行くはずだと、想像しております。その時、その場所に、編集者として立っていたいと願っております。（後略）」

その願いは通じることになる。

翌年三月、僕は内田さんに次のような手紙を書いている。まだ一冊も本を出版していない出版社に書き下ろし小説を快諾してくれた礼状である。

「先日は、お時間をいただきまして、誠にありがとうございました。

私にとっては、出版社を設立し、自分の足で歩き始めた喜びを、しみじみと実感する夜でした。角川からの退社を決意する前後の日々を考えると、まさに夢のようです。

内田さんの最新の二作を拝読しながら、強く感じたことですが、近代的な自我によって成立している昨今の小説からは決して得ることのできない、自分が遠い遠い時間を貫通して、今あらしめられている快感と切なさのようなものに突き動かされます。（中略）

頭ではなく、血や細胞の遠い記憶に溶けていく小説群、かつてそんな小説群があったでしょうか。内田さんと小泉八雲《こいずみやくも》との出会いは、必然だったと、今、確信しますが、『華の下にて』というタイトルは、もっと凄いことが起こる前兆だと、これもまた確信しております。

〈願はくは　花の下にて　春死なむ　そのきさらぎの　望月《もちづき》のころ〉

すべては還っていく。人間も小説も宇宙の根本に還っていく。そんなイメージを重ね合わせております。（後略）」

幸運にも幻冬舎の最初の内田作品『華の下にて』は、内田さんの百冊記念作品として世に出ることになった。

その記念パーティーで並いる出版社を代表して、新人社長の僕がスピーチさせてもらった感動は、今も僕の心に鮮やかに刻まれている。その時、僕はどんなことがあっても幻冬舎をやり抜く覚悟を決めたのだった。

あれから一二年という歳月が流れた。

幻冬舎は三年前ジャスダックに上場、去年は『風の盆幻想』『悪魔の種子』と二作連続で内田作品の出版を果たし、大いに話題を呼んだ。

すべては、あの手紙から始まっているのだ。そして、あのときに書いた感想は今も変わらない。

人間も小説も宇宙の根本に還っていく。

新しい内田作品に出会うたびに、僕は経営者としてだけでなく、編集者としていつまでも現場に立っていたい、と心から思うのである。

お茶の香り　重松清

――執筆年二〇〇一年

少年時代の思い出は、お茶の香りとともにある。故郷は清水市。幼い頃はお茶畑が遊び場で、通学路の両脇《りょうわき》にはお茶の工場があった。

そんな環境に生まれ育ちながら、いや、逆に身近すぎたゆえだろうか、お茶をじっくり味わうという習慣は長い間持ち合わせていなかったのだが、数年前に禁酒して以来、お茶に親しむ機会が増えてきた。

むろん、味の細かな違いをたのしむレベルにはまだほど遠くとも――先日、「これが、〝甘露〟というものか」と思わずつぶやいた時がある。うれしい夜だった。一月一六日、僕が角川書店に在籍していた頃の後輩編集者だった重松《しげまつ》清《きよし》が『ビタミンF』で直木賞を受賞したのである。

無礼は承知で「氏」や「さん」を付けずに語りたい。彼自身も「そんな呼ばれ方をされたら照れくさいですよ」と笑うはずだ。一九八五年に出会ったとき、僕は三四歳で、重松はまだ二二歳だったのだから。

卵の殻をお尻につけたヒヨコのように学生気分の抜けきらないまま、しかし編集という仕事への愛と情熱を全身からたちのぼらせている若者だった。働く部署は別だったが、僕のような男のどこを気に入ってくれたのだろうか、「見城さん、見城さん」と慕ってくれた。僕が清水《しみず》市出身だということに引っかけて、「見城さんが清水の次郎長《じろちょう》なら、僕はシゲマツだから森《もり》の石松《いしまつ》になりますよ」とも。

そんな重松が会社を辞めたのは、わずか一年後のことだった。「森の石松になれませんでしたね」と別れ際に言われ、なにもしてやれなかった自分が悔しくてならなかった。

その後、売れっ子フリーライターとなった重松の活躍を頼もしく眺めながら、僕は僕の世界でひたすら走りつづけ……一九九三年、現在の会社を興すことを決意した。その時こそ心底から、編集者としての重松が必要だった。幻冬舎という生まれたばかりの出版社の、森の石松になってもらいたかった。

重松は僕の申し出にまず一言「ありがとうございます」と答え、それから「すみません」と頭を下げた。彼はその頃すでに作家としての道を一歩ずつ歩きはじめていたのだった。

あれから七年余り。仕事で会食中に重松の直木賞受賞の報を受けた。丁度、懐石料理のコースが終わり、抹茶をたててもらっている時だった。

茶碗《ちゃわん》を目の高さに掲げ、一人で乾杯をした。旅ゆけば駿河《するが》の国に茶の香り――作家としての長い旅に幸《さち》多かれと祈りつつ、お茶を啜った。全身に染みわたっていく。ほろ苦さを馥郁《ふくいく》とした香りが包み込む。重松の顔が目に浮かんだ。僕はそのとき、彼と出会ってからの歳月も一緒に味わっていたのかもしれない。

疾走者の恍惚　大江千里

アポロ・ツアー〈たわわな果実〉に寄せて

――執筆年一九九〇年

大江千里《おおえせんり》は、「時間」を感じさせるめずらしいミュージシャンだ。彼の肉体から僕らが感応する「疾走することの快楽」を何と名付けたらよいのだろう。

大江千里の疾走は単なる疾走ではない。

音楽はもとより、小説、エッセイ、映画やTVドラマ、そしてインタヴューでさえ、彼がなにかを表現するたびに巻き起こる、つむじ風のような速度と動きは、スポーツで言ってみればラグビーの走りにとてもよく似ている。いわゆる、ステップを踏むというやつである。

相手のタックルをかわすために、ボールを持ったラガーは右に左に、と足を交互に踏み出しながら、観客から見ると真っすぐに、しかし走っている当人はジグザグに、いわば線ではなく面積を走り抜かねばならない。

だからボールを持ったラガーの百メートル一二秒三は、陸上選手の九秒八にも相当する。つまりそれだけの「ためこみ」を速度は内包していなければならない。

大江千里の表現に通底しているのは、そういう深い疾走感だ。

今、大江千里ほど複雑にうねり、移動しながら、それを他人には見分けられないほどのスピードで駆け抜けているミュージシャンは他にない。

百メートルの選手のように疾走しながら、実は、多くの敵をかわし、フェイントをかけ、裏切り、対峙《たいじ》し、力でねじ伏せる。

重さを引きずった速度とはそういうものだ。

だが、重力と速度を内在した肉体にのしかかる内圧と外圧は、おそらく観《み》る者の想像を絶している。

苦痛のない快楽など、官能とほど遠いとすれば、大江千里が今、見せてくれているたわわな表現の実りは、彼がその笑顔と類《たぐい》まれなる疾走の裏で必死で耐えているものの大きさと正比例して、限りなく神々の領域の恍惚に近づいている。

しかし、神々の掟《おきて》は、また非情でもある。

一瞬後には腐敗へと向かうたわわな果実をそのままの形で保つために、速度と面積の移動を持続し、永久に回転し続けること――。

ノーサイドの笛を吹くのは、この場合、審判やルールではなく、選手である大江千里自身にゆだねられている。

著者が仕事しやすい環境作りにいかに専念するか　銀色夏生

――執筆年一九九〇年

銀色夏生《ぎんいろなつを》との本造りについて語るのは難しい。確かに僕は、銀色夏生の一二冊の文庫本と二冊の単行本を世に送り出してきた。そして今、三冊目の単行本を編集している。しかし、編集者として僕は何をしたろう？

銀色夏生は自分で装丁もやるし、本文ページもデザインする。写真やイラストも自分自身の手によって仕上げられるし、帯コピーもなにもかも自分で書く。つまり活字の指定から紙質の選択、帯の文案づくりまですべてひっくるめて、はじめて銀色夏生の作品は「作品」として成立する。僕はその過程の中で銀色夏生が心地よく仕事を進めることができる環境づくりに全力を注ぐ。僕のような自分の意見を押し通したいタイプの編集者にとって、それははじめての経験だった。しかし、僕と銀色夏生との関係の中で、一冊目から確立してしまったいわく言い難い本造りの方法は、冊数を重ねるにつれて育ってきた二人の奇妙な友情と相俟って、僕にははなはだ心地よいものなのである。僕は銀色夏生がイメージしたものを一点の曇りもなく実現できることにのみ意識を集中する。

意見は僕の方から言うことはない。銀色夏生が何を考えているか、会話がなくても僕にはわかる。その呼吸は説明不可能としか言いようがない。

そんな風にして、また一冊の単行本が生まれようとしている。

『ONLY PLACE WE CAN CRY』来年の一月末に発売になる。

『月刊カドカワ』に連載したものを中心にまとめられたフォト詩集だから、僕にとって想いは深い。

こんなに切なく、深く、胸に染み込んでくる言葉と写真があるだろうか。ゲラ刷りを見ながら、そう考える。

銀色夏生は不思議な人だ。少なくとも銀色夏生は僕の生き方の姿勢を変えた。僕には考えられなかった他者との新しい関係性が銀色夏生と出会った時から始まった。そして今も、銀色夏生によって僕は変わり続けている。もう一度、題名を呟いてみる。真夜中にゲラ刷りを見ながら目頭が熱くなる。

それは僕自身の人生に対する想いが少し含まれている。

勝者には何もやるな　ヘミングウェイ

――発言年二〇〇一年

全八巻の『ヘミングウェイ全集』を若い頃に買って、繰り返し読み漁《あさ》っていましたよ。いまでも俺が座右の銘にしているのは、その『ヘミングウェイ全集』の第一巻に収まっている小説のタイトルで、「勝者には何もやるな」という言葉。その小説の始まりにこんなエピグラフが載っているんですよ。

「他のあらゆる争いや戦いと違って、前提条件となるのは、勝者に何ものをも与えぬこと――その者にくつろぎもよろこびも、また栄光の思いをも与えず、さらに、断然たる勝利を収めた場合も、勝者の内心にいかなる報償をも存在せしめないこと――である。」（三笠書房『ヘミングウェイ全集―第一巻―』谷口陸男訳）

それは、これからがんばって生きていこうとする若い自分に対して、非常に激烈なメッセージでした。いまでも俺は、「勝者には何もやるな」という言葉をデスクの蛍光灯の上に書いて貼《は》っていて、自宅の書斎の机にはこのエピグラフの言葉も貼って、ことあるごとに読み返しているんです。ヘミングウェイが「勝者には何もやるな」と言ったときに、それは、単なる勝ち負けの話じゃなくて、自分があらゆるバーを超え、あらゆる努力をして何かを勝ち取ったときには別にもう何もいらない、という意味になる。ホント、いまでもこの言葉は力になりますよ。

　オリバー・ストーンが昨年撮った映画『エニイ・ギブン・サンデー』の冒頭に、偉大なアメリカンフットボール選手の言葉が出てくる。たしかこんなフレーズだったな……。

「男にとって最高の時とは全精力を使い果たして試合を戦い、勝ち、立ち上がることができなくてへとへとに疲れてグラウンドに倒れているときである」

　その言葉が流れたあと、いきなり肉体と肉体がクラッシュするシーンから始まって、最後は非常に精神的なドラマで終わる、そんな映画なんだけど、じつはその映画のＰＲのために（配給会社から）コピーを書いてくれって頼まれてね。それで俺はこういうコピーを作ったんです。

「肉体がクラッシュする衝撃の幕開けから精神がスイングする感動のラストへ。勝者には何もやるな。その神の声を、あなたは劇場で聴くことになる」

「勝者には何もやるな」って、結局そういうことだと思うんだよ。実際そのようにヘミングウェイは生きたと思う。小説よりも何よりも、現実のなかでそのように生きたんだよね。たるみあがった肉体のなかでも常にファイティングポーズをとっていたし、女を愛し、旅を愛し、酒も愛した。彼の書いたものっていくつも読んだし、慕った。でもそれよりも彼の生きた生活の跡、人生の跡、たとえばダイキリのレシピ、朝はブラッディマリーを飲むそのライフスタイル、闘牛やボクシングにかける情熱、戦線に出向き、猟に向かう男らしさ、光と影、官能と死をくっきり分ける生き様、そんなものにずっと憧れていましたよ。同時に、彼がいつも抱えていた生きることの淋《さび》しさ、切なさもまた、残した言葉や写真から匂いを感じとろうとしていましたね。

ヘミングウェイは、自殺する二、三ヵ月ほど前に友人のホッチナーに手紙を宛てている。その中で彼は、自分の肉体が意思通りに動かなくなったら人間は生きていても仕方ない、というようなことを書いているんです。そして実際に、静かな河口のボートの上で自らの手でライフルの引き金を引いて死んでいった。激烈な生と激烈な死という、光と影をくっきり浮き立たせて生き死んでいったんですよね、彼は。

ハードボイルド（小説）ってヘミングウェイから始まっていると俺は思うよ。自分ひとりで生きる意味を引き受けるということが、『老人と海』を読んでもよくわかる。カジキマグロとの闘いという、ただそれだけの出来事のなかで生きる意味を引き受ける。空虚に裏打ちされた、生きる意志。彼の人生は、全てそれでしょ。

じつはね、俺はヘミングウェイに憧れて肉体を作ったんです。二七歳くらいから三七歳くらいまでの一〇年間、一週間に一回休むだけで毎日ウエイト・トレーニングをやったわけ。いわゆるボディビルですよ。バーベルベンチプレスで一二〇キロを持ち上げる、それはもう凄くハードな闘いの日々なんだ。一日目は胸とトライセップス（三頭筋）の日。二日目は背中とバイセップス（二頭筋）の日。三日目が肩の日という具合に。で、毎日、腹筋とスクワット。三日やって一日休むというローテーションで、食い物も制限してビルドアップしていたんです。

ヘミングウェイに刺激されて、体がきちっとしてなければ、意志もきちっとしないということを常に思っていたんだね。トレーニングしているときに、いつも自分の中で呟いていたのがここでも「勝者には何もやるな」。体をビルドアップするということは、速いピッチャーがくればどんなに凄いバッターでも三振するのと違って、自分が苦しんだら苦しんだだけＭＡＫＥ　Ａ　ＦＲＵＩＴＳできるんです。必ず結果が出るわけ。苦しめば苦しむだけ筋肉はちゃんと発達する。そんなはっきりとした結果が出るものってないよ。それは誰のためでもない。際限のないものでもあるんだけど、あの一〇年間というのは、体を作り続けない限り俺はもっと前へもっと前へと闘っていけない、そんな意識がありましたね。「勝者には何もやるな」と言い続けるためにも、やる以外なかったんですよ。トレーニングが終わり、シャドーボクシングしながらこれで俺はまた闘えると思う気持ちのよさ、「勝者には何もやるな」と呟いたときの充実感というのは、何ものにも代え難いと感じられた。だって、それをやらなければ、もう気が狂いそうになるんだから。猛烈にたるみきった気がして、精神も肉体も。まずその三時間をきっちりと決める。で、残りの時間を仕事や女に振り分ける、そんな毎日だった。でもね、俺はその一〇年間がもっとも激しく仕事ができた。精神のスイングも大きかった。あの一〇年間の余韻で今生きているようなものですよ（笑）。

生きるっていうのは、俺にとっては空しくて切なくて、とても辛いことで、いつも怯えが伴うというか……。それを誤魔化すために人は恋愛をしたり、結局はひとりで、仕事に打ち込んだり、宗教にはまったり、家族を愛したりするんだろうけれど、結局はひとりで死んでいくしかないわけで。俺の場合、そういった怯えを誤魔化して、生きていく上での最良の糧になるのは「勝者には何もやるな」この言葉を繰り返すことに尽きるんですよ。仕事だって空しさを埋めるものにはなり得ないよね。どんなにうまくいこうと、どんなに闘っていようと、空しいよね。ヘミングウェイもずっとそうだったと思う。

結局、俺は自殺すると思う。いつなのかは分からないけれども、自殺すると思いますよ。だからヘミングウェイが自殺した時の気持ちってすごく知りたいよね。何故、ライフルにしたのか。何故、足で引き金を引くことを選んだのか……。やっぱりその方法がもっとも激烈な終わり方だったのかな。

俺は臆病だからね、死ぬのが怖いんですよ。それを埋めるものって何ひとつないんだよね。すごくいい女とセックスしてたり、ビジネス上のある種の成功によって瞬間的には埋められるだろうけど、その瞬間が離れるとまた日常は茫漠《ぼうばく》と続くわけで。気がついてみると一八歳が二五歳になって三〇歳が四〇歳になって、たちまち五〇歳になってい るわけでしょ。そうすると、あと二〇年かと思うわけじゃないですか。それに耐えきれるかっていわれると、俺は自信ないね。ヘミングウェイは少なくとも自らの命を彼らしく自分で閉じたわけで、その事実は俺にとっては凄く重要なことなんです。自殺はしちゃいけないとか、自殺はカッコ悪いとか、そういうレベルの話じゃない。「勝者には何もやるな」と言ったひとりの男が、自分で自分の幕を引く。その行為自体が俺には決定的に重要なんです。

全て「死」ですよ、ヘミングウェイの小説のテーマは。自分がどんどん老いていく、たるみあがっていく、シミが増えてくる、シワも増えてくる、髪が白くなってくる。成熟して芳醇《ほうじゅん》になっていく姿は俺たちから見ればカッコいいけれど、彼にとってはそうじゃない。放つパンチが緩慢なスピードになっていく、獲物を仕留めるときにも狂いが生じてくる。その老いの恐怖を埋めるためにずっと小説を書きつづけ、戦争にも行き、闘牛にも魅せられて強い男であろうとしてきたわけ。でも、六〇歳を前にしてついに埋められないところまで来たわけでしょ。自己嫌悪の塊だったと思うし、来るべきものがついに来ているという、死に対する覚悟だったんですよね。老いればみんなそうなっていくわけだからね。三島由紀夫はそんな自分を見る前に逝っちゃったけどね。

臆病だからこそ、俺は激烈に生きていないとたまらないんですよ。もしも失敗したら会社が潰れるってくらいのことをやってないと、空しさや怯えを埋められないんです。

もし、何もかも打つ手が上手くいって、もうそろそろ守りに回った方が経営者としてはいいよと言われたとしても、俺はきっとそういうふうにはならないと思うよ。

そのときは、もう、経営者を変えてもらうしかないでしょうね。

キャンティという店

——執筆年一九九七年

初めてキャンティで食事をしたのは一九七五年、僕が二五歳の時だった。イタリア料理専門店がまだ珍しかった時代である。連れていってくれたのは作詞家の安井かずみさんだった。

飯倉にポツンとあった店の二階に上がるとそこは落ち着いたピンク色に輝く空間で、一番奥の窓際の席に女優の加賀まりこさんが四、五人で食事をしているのが見えた。

その時食べたメイン・ディッシュはオーソ・ブッコ、パスタはスパゲッティ・バジリコで、それはしっかりと覚えているのに、飲んだワインやアンティパストを全く思い出すことができない。今のようにワゴンに載せた数十種類のアンティパストの中から幾つかを選ぶシステムになっていたのか、メニューの中から何かを一品選んだのか、それともアンティパスト・ミストだったのか、どうしても浮かんでこない。

『キャンティ物語』の中にも重要な役割で登場するウェイターの石井さんが強くオーソ・ブッコとスパゲッティ・バジリコをすすめてくれて、多分その二つが印象に残ってしまったのだろう。とにかく、デザートまで全ての料理が初めて経験するくらいの美味《おい》しさだった。次々に入ってくるどこかで見覚えのある客たちはそれぞれのテーブルの誰かと必ず知り合いのようで、僕が今まで行ったレストランとは全く違った雰囲気を醸し出していた。

以来、僕は仕事の打ち合わせと称してキャンティに通い続けた。西麻布に支店ができてから専らそちらが多くなったが、キャンティで過ごす時間は他のイタリア料理店とは違う独特の匂いがあって、大事な時はいつもキャンティと決めていた。

本書を読んでいただければ一目瞭然《いちもくりょうぜん》であるが、名だたるレストランは一朝一夕には成立しない。たくさんの人々の想いとセンス、そして技術が時間をかけて醸成されてやがて馥郁たる一本の銘酒のように生み出される。そして時を経た今もなお生き物のように微妙に変化していく。料理、酒、インテリア、サービス、オーナー、客、そのどれかひとつがちょっとずれても雰囲気は大きく変わってしまう。キャンティのように三七年を経てもほとんど変わらない店というのは極めて珍しい。その理由は本書に余すところなく描かれている。変わらないということでキャンティは今も営業していながらまさしく〝歴史〟にもなりえているのだ。

五木寛之、坂本龍一、尾崎豊、吉川晃司、郷ひろみ、二谷友里恵、篠山紀信、松任谷由実、内館牧子、石原慎太郎、中上健次、村上龍、吉本ばなな、山田詠美、銀色夏生、

森瑤子、林真理子、斉藤由貴、高木美保、小野みゆき、ビートたけし、宮沢りえ、楠田枝里子、黒木瞳、田中康夫、沢木耕太郎、小林麻美、藤真利子、桃井かおり、草刈民代、周防正行、森田芳光、田辺昭知……。僕がキャンティで一緒に食事をした日本のきらめく才能は数え切れない。その食事のひとつひとつを思い出すことによって僕は自分の仕事と私生活のひとつひとつをかなり正確に思い出すことができる。

　そのキャンティをいつしか僕はストーリーにして、出版したいと思い始めていた。折しも自分たちの出版社を起こしたばかりの時だった。『キャンティ物語』の作者となった野地秩嘉とは長年の知り合いだったが、不覚にも彼が『キャンティ物語』を書き始めているとは知らなかった。開店三〇年を記念して常連客のみに配った『キャンティの30年』という豪華本の編集に関わった彼は、キャンティの創立者である川添梶子と川添浩史の出会いから始まるキャンティの長い物語に着手していたのだった。大手出版社から出ることになっていたその作品が設立間もない幻冬舎から出版できることになったのは幸運としか言いようがない。強いて言えば僕のキャンティへの強い想いを作者が汲《く》んでくれたということになるのだろうか。

「この本は見城さんのところで出して頂くのが一番幸せだと思います」

　と言った野地秩嘉の言葉を自分の編集者生活二〇年の総決算として僕は聞いた。僕の編集者生活は、オーバーに言えば、キャンティとともにあったのだった。ここで僕は恋をし、仕事を決め、その時その時にぶち当たるさまざまな問題を抱えながら酒を飲み食事をしたのだ。新しく出版社を始めた直後に紆余曲折《うよきょくせつ》を経て、この話が決まったのは何かの運命のような気がして、僕にとって感慨深いものがあった。

かまやつひろしさんは単行本の推薦文でこう書いている。

「ふと見ると隣の席では、フランク・シナトラやマーロン・ブランドなんかが食事してる。僕ら若僧は震えながら挨拶し、いろんなことを教わった。それはあたかも、真夜中の学校のようだった。」

僕にとってもキャンティは真夜中の学校だった。

世界的レーサーだった福澤幸雄の死をプロローグに、「光輪閣」の支配人やアヅマカブキのプロデューサーとしてコクトー、カミュ、キャパらと親交があった国際人川添浩史と、一九歳でイタリアの彫刻家エミリオ・グレコに弟子入りした梶子との世界を駆け巡る恋、キャンティの開店から日本の文化シーンに深い影響を与えた店の成り立ちと客たちの青春、そして、浩史それに続く梶子の死に至るまでを作者は極力自分の感情を排した低いトーンで淡々と描いていく。その手法が思い入れたっぷりに描くよりもそれぞれの登場人物に陰影を与え、「レストランとその時代」という、描くことが極めて困難な対象をモノクロームのドキュメンタリーの映像のように映しだすことに成功している。精緻《せいち》な取材と膨大な資料の収集に数年を費やしたというが、それに裏打ちされながらストーリーはごく自然にあるがままのフィルムのように流れていく。僕のようなキャンティに想い入れのある人間にとってはそれが思いこみのないリアルなキャンティの姿を甦らせてくれて、かえって想像を掻《か》き立てられる。

作者が感情を少しだけかいま見せるところがある。

「すべてが豊かになった現在、『キャンティ』以上に本場のパスタやワインを供し、『キャンティ』以上に趣味の良いインテリアを持つ店はいくらでもある。しかし、そうした店のなかで、時代の空気を感じながら、未来を見つめる種々雑多な人間が集まっているところがどれくらいあるだろうか。有名人や金持ちより無名の若者に優しく接し、彼の肩をたたいて元気づけてやる主人が、はたして何人いるのだろうか。『キャンティ』とは一軒のイタリア料理店を指すのでなく、そんな人々が集まったあの時代の、あの空間だけを指すのだ」

まさしく〈そんな人々〉〈あの時代〉〈あの空間〉を作者は見事に描き切っている。

安井かずみさんの訃報に接したとき最初に思い浮かべたのは初めてキャンティで食事をしたあの日の情景だった。彼女は〈あの時代〉〈あの空間〉を生きた〈そんな人々〉の一人だった。

人は生まれ、それぞれの生を営み、やがて死を迎える。しかし、何に対してであれ真《しん》摯《し》に立ち向かったそれぞれの精神は次の世代に記憶され、受け継がれて新たな創造を刺激する。

その時、本書に息づいている川添浩史・梶子夫婦と客たちが作り上げたキャンティの伝説は現在進行形となって〈いま〉と〈いまの人々〉に彩りを与え続けるのである。

第二章

SOUL OF EDITOR

三人の大家ときらめいている新人三人を押さえろ

——対談年二〇〇一年

今をときめく「ベストセラーづくりの神様」、幻冬舎社長の見城徹氏に登場してもらう。

数々のベストセラーをうみだしているのはもちろんだが、アウトロー文庫、「顰蹙《ひんしゅく》は金を出してでも買え！」などのネーミングやキャッチコピーがすばらしい。

角川書店時代から「出版界に見城あり」といわれていたが、文壇だけではなく、芸能界や音楽界まで、これほど広い人脈を持った編集者を私は他に知らない。

しかし、読んでもらえばわかるが、氏の膨大な人脈は夜を徹しての酒と議論、寝る間も惜しんでの耽読《たんどく》によって築かれたものだ。

氏の好きな言葉は「これほどの努力を、他人《ひと》は運という」。

これほどの努力をしなくては一流の編集者になれないのかとあきらめるか、よし、俺《おれ》もと思うか、まさに全編集者必読である。（元木昌彦）

ぼくは時代に恵まれた

元木昌彦（『週刊現代』『FRIDAY』などの編集長を歴任）　まず、編集者になろうとした動機から聞かせてください。

見城　ぼくはもともとテレビのディレクターかプロデューサーがやりたかったんです。だから、大学時代は放送研究会に所属していた。ただ、テレビ局はまったく募集をしてなかったし、コネがないと入れなかったからあきらめて、出版社を何社受けたかな。講談社は受けなかったけど七社ぐらい受けたんです。

で、全部落ちまして、紀伊國屋《きのくにや》書店出版部というのが残っていたんだけど、一次面接が終わったぐらいのときかな、なんとなく、ま、いいや、と思って次の面接にいかなかったんです。そしたら電話がかかってきて、「君は優秀なんでぜひ採りたいと思っている。面接にきてくれ」といわれたんですが、いかなかった。紀伊國屋の出版部は硬い本をつくってましたが、それを縮小する方向であるということをいわれていたんで、たぶん編集はできないだろうと考えてやめたんだと思うんです。もしかしたら新宿本店の店長になって、出版社に威張ってたかもしれない（笑）。

結局、廣済堂出版に入ったんです。そこで『10万円独立商法』という、一〇万円あれば起業家になれるという本をつくったんです。資格をとって独立して成功しようというハウツー本です。まだ群像新人文学賞をとってない高橋三千綱が東京スポーツにいて、彼から東京スポーツで大々的にとりあげたいと電話がかかってきた。紫の背広を着た、にやけた、だけどジュリーみたいにいい男が突然、「ウハッ!」とかいって現れた(笑)。とりあげてもらって、「おまえ、これだけやったんだから、大変なパブリシティになった。著者にいくらかもらって酒でも飲もう」というんで、それを著者にいったら、こんなに大々的にとりあげていただけたんだからって、三万円くれた。それで三千綱と飲みにいって親しくなった。

それから何ヵ月後かなぁ、ある日朝日新聞を見ていたら、〈注目の新人〉みたいな文芸時評で、群像新人文学賞をとった高橋三千綱の『退屈しのぎ』はどうのこうのとかって書いてあるわけです。そこで、彼がどこかのエッセイ集に書いていますが、ぼくは間抜けな電話をするんです。「高橋三千綱って同姓同名の人がね……」。写真が小さく載ってるけど、よくわからない。「あなたは小説書いてるの?」。会っててもひとことも小説書いてるといわなかった。「そう、それはおれだよ」というじゃない。へェー!と思って、「じゃ、ぼくにお祝いさせてください」とまた飲みにいった。

その日、高橋三千綱から、「これから会う作家がいるんだが、全然売れそうにもないし賞もとれそうもないだめなやつ。デブで酒乱だけど、会う?」といわれて、現れたのが中上健次だったんですよ。それから中上健次と高橋三千綱とぼくで毎日飲んだくれてた。ゴールデン街や新宿二丁目で文学論とけんかの日々ですよ。

　そんなことしてるうちに立松和平が加わってきて、つかこうへいとかいろんな連中とだんだんかかわるようになってきた。ぼくも小説書いてみようかなという気はあったんだけれど、中上とか三千綱とか見ていると、やっぱり彼らは書かざるを得ない、書かなければ救われない何かを持っているんですね。書かない限りは生きていけないという……金銭的なものじゃなくて、自分が成り立たないという病気のようなものを持ってるわけです。それはもうはっきりわかる。そうしたものが、おれにはない。だったらおれはこいつらの触媒になって作品の手助けをしたいと思った。そのためには、文芸の編集者にならなければと、強く思っていました。

　たまたま角川書店の角川春樹さんが、「野性号」という古代船を建造して、朝鮮半島・釜山から九州まで、『魏志倭人伝』にのっとった漕法《そうほう》で渡るという企画を進めていたんです。

　それに同乗してレポートしてくれる作家を捜していた。それを高橋三千綱が引き受けてくれて、「自分が乗る。そのかわり見城をなんとか角川の正社員にしてくれないか」と言ってくれた。

　それで、彼はブーブーいいながら一ヵ月ぐらい船に乗ってたのかな。その時ぼくは、廣済堂出版をやめて角川にアルバイトでもぐり込んでいた。ただ、正社員になれるかどうかはわかんないよという話で、角川書店の野性号事務局というところに入っていたんです。

元木　角川春樹社長直属ですね。

見城　いわゆる事務・雑用みたいなことやってたんです。社長もかわいがってくれた。で、彼らが船に乗ってるうちに……電話も何もないわけですよ、古代船ですから……。総務部長が何かの拍子に、「社長も気に入ってるみたいだし、見城を正社員にしようか」といってくれて、正社員になったんです。
社長が帰ってきてから、希望の部署をいえというから、『野性時代』に入りたいといったら、スッと通った。

元木　小説誌は角川では『野性時代』だけでしたか。

見城　そうです。できて一年たってない、六人ぐらいでやってた雑誌でした。角川書店というのは文芸が後発で、講談社、新潮社、文藝春秋なんかに比べたら何十年という差があったんです。
だから、できたての『野性時代』で、ゼロから始めるというのは、今振り返ってみるとぼくにとって、とてもよかった。
当時は角川書店とは仕事をしないという作家がいっぱいいましたから、とにかくその人たちを落としてきて仕事をしよう、そうじゃなかったら自分の価値はない、そう思った。

元木　角川で書かないというのは、そういう接触がなかったということですか。

見城　接触がなかったんじゃなくて、文芸ものに関してまったく力がなかったんです。角川で書いても、少なくともハードカバーに関しては、売れないし、出す意味がなかった。ただ、文庫だけは、まだ講談社文庫ができたばかりのころで、新潮文庫と双璧《そうへき》だった。

　だからぼくとしては、角川と縁がない人、先輩がいくら角川に書いてくださいといっても書いてもらえない人たち、そういう人たちを落としてなんぼだ、そう思ってやりだした。それがすごくうまくいって、釣瓶《つるべ》落としのようにウワァーとみんなが書いてくれるようになった。

元木　何かきっかけがあるんですか。

見城　一つは中上健次を押さえたというのが強かったと思う。中上健次がもりもりと、文学の救世主みたいな感じで力を発揮していた時代だったから。

　それと、編集者というのは、自分とともに力をつけ、成長していくフェロートラベラーのような作家がいると幸せじゃないですか。

　時代に恵まれるか恵まれないかもありますが、ぼくの場合は高橋三千綱、中上健次、立松和平、つかこうへい、村上龍、宮本輝《みやもとてる》、三田誠広とか多くの同世代の作家たちがいたんです。その連中とタメロききながら、ともに成長していった。それが、ぼくより四年か五年後の編集者になると、そのような友達みたいに付き合って成長していく作家群がいないから、自分だけじたばたしてもどうにもならない。ぼくは、非常に時代に恵まれたと思う。そういう今をときめくような人たちが新人として出てきた時代だった。

いつも思うんだけれど、どんな世界でも、大家の三人……それは政治でもスポーツでも芸能でも、作家の世界でも財界でも何でもいいんです。その世界で決定的に大物だといわれている三人に対して必死に食らいついて、その三人にかわいがられる。それと、自分の目で見て、これは絶対にすごくなると思う新人を三人。この三人と三人を押さえれば、真ん中はむこうから入ってくる。

実際、大家といわれる人たちには、あらゆる手段を使って……手紙を毎日書いてみたり……近づいていく。もちろん、その人の作品が好きじゃないとそこまでできない。好きであればどんな努力でもできる。それから自分の目で見て、きらめいている三人を押さえる。音楽の世界でいえば、新人は尾崎豊とハウンド・ドッグとザ・ブルーハーツを押さえて、上は坂本龍一とユーミンと井上陽水《いのうえようすい》を押さえるとか。そうすると、真ん中の連中は、「見城さん」と寄ってきますよ。

相手を刺激する言葉を吐け

元木　見城さんの時代で、三人の小説の大家っていうとだれですか。

見城　ぼくにとっては五木寛之さんと石原慎太郎さんは、高校時代から暗唱するぐらいに読んでいたので、その二人に原稿を書いてもらうためにはあらゆる努力をしましたね。森敦《もりあつし》さん、水上勉さん、有吉佐和子《ありよしさわこ》さんとか、角川で初めてぼくが原稿をとった人は多いですよ。

新しく出てくる輝く才能の持ち主というのもほとんどぼくがやった。

そうしてるうちに、たとえばつかこうへいと付き合えば、つかこうへい劇団のまだ無名の俳優たちと親しくなる。風間杜夫《かざまもりお》や平田満《ひらたみつる》とか、亡くなったけど三浦洋一《みうらよういち》とかと毎日会って、芸能界にも少しずつ足場を築けた。

音楽の世界でも、高橋三千綱と中島《なかじま》みゆきってすごく仲がよかったから、三千綱と飲んでると、まだ新人の中島みゆきが夜中に現れて、三人で飲んだりした。そうすると、どんどん人脈が広がっていくわけです。ユーミンはデビューしたばかりの田中康夫をものすごくかわいがってたんですよ。田中康夫をぼくは『なんとなく、クリスタル』が出版される前から知ってました。で、田中君を通じてユーミンと三人で食事をしてもっと親しくなった。

それだけの付き合いをするというのは、それこそプライベートを含めて四六時中そういう人たちと飲んだり食べたり議論を交わしたりということをしていないと、人間関係が維持できないし広がっていかないでしょ。

考えてみると、二〇代三〇代で、午前三時前に家に帰ったことなんか滅多になかった。ほとんど毎晩飲んでましたね。

だけど、その人たちとは、すぐ仕事にならなくてもいいと思ってました。それは一〇年後かもしれないし、二〇年後かもしれないけど、相手ときちっと切り結んで、信頼関係さえ築いていれば、かならずいつか仕事になる。むこうのほうから「見城さん、いろんな出版社から申し込みがあるけど自分はあなたとやりたい」といってきてくれるように持っていくのがぼくの信条なんです。

二〇年先でもいい、とカッコよくいいましたけど、それは早くきてくれたほうがいいですよ。でも、それまではきっちり付き合う。何百人という人たちとそれをやるから、自分のほうはほとんど精神分裂を起こすぐらいの状態でしたね。二〇代三〇代は、自分でもよくやったなと思います。

元木　付き合い方のノウハウはあるんですか。

見城　スポーツクラブで筋肉をつくるのとはわけが違うんで、ノウハウなんてないんです。人の精神という〈生もの〉と仕事をするわけですから。ただ、相手を刺激できない編集者ぐらいつまらない存在はない。自分を刺激してくれる、成長させてくれると思わなければ、表現者は絶対についてきてくれません。そのうえで、私生活でも友達になる。それにはやっぱり飲んだり食ったりするしかない。そうすると、三時四時、いや六時七時までひたすら飲む。

元木　当然それ以外に、原稿や本を読むわけですよね。もちろん付き合ってない人のものも含めて。どうやって時間を捻出《ねんしゅつ》してたんですか。

見城　ぼくもどうしてできたんだろうと今思うと不思議なんです。ま、ぼくは、当時独身だった。ですから、家庭をかえりみる必要はなかったというか、逆にいえば家庭をつくる余裕がなかったですね。

手紙はよく書きました。午前中は、会社にだれもきてないから手紙を書いたりゲラを読んだり本を読んだりするにはすごくよかった。だから、睡眠時間を削って、八時か九時ごろには起きて、通勤の途中に好きなミュージシャンの音楽を聴くとか、人の迷惑おかまいなしに、会社でもバンバンかけてましたね、ウォークマンじゃなくて（笑）。

午後は打ち合わせと、ボディビルのトレーニングに使って（笑）、夜は、かならずだれかと飯を食ってた。ぼくは、一七年間、角川にいたんですけど、ぼくがいちばんカネを使ってたと思う。でも、ぼくがいちばん稼いでいたというのは明白な事実だし、だから会社も認めてくれてたんでしょう、文句をいわれたことは一度もないですね。

だれかと会う前に、この日は中華だから次の日はフレンチにしよう、その次の日はイタリアンだなとか考えるから、若いときに食を極めてしまった。相手は一流の表現者たちだから、へたなところで飯は食えない。ぼくは二五、六のときから「京味」には月に三度はいってた。

元木　それはすごい。

見城　ジャーナリスト系の編集者たちと違って、常に相手に「うまい！　さすが」といわせてナンボというのがあって、とにかく料理屋だけには顔がきくし、詳しくなりましたよ。

元木　我々雑誌屋だと、まず居酒屋で一杯でした。文芸編集者ってのはいいな（笑）。

見城　文芸編集者の特権を一つ挙げろといわれたら、つらいこともいっぱいあるけど、実績さえ残せば、どんな高い店でも、どんなに有名な店でも、週にいっぺんいけるようになる（笑）。

元木　それだけ付き合うと、「書いてくれ」といいたくなりませんか。

見城　刺激する言葉はいっぱい吐くんですよ。それから、その人が無意識に持ってるものを観察しながら、それをどういう言葉でいったら相手の中で顕在化していくのか、もし傷口があるんだったら、どの場面でそこに塩を塗り込もうか、常にうかがっている。だけど、その中で相手にぼくと仕事をしたいと強く思わせる状態ができるまでは、無理に何かをしようとは思わないですね。でも、自然とそうなっていくもんなんですよ。ぼくはたぶんミュージシャンとの仕事がいちばん多い活字編集者だと思いますが、作家も相当変わり者だけどミュージシャンも負けず劣らず変わり者が多い。たとえば坂本龍一と飲むと、だいたい帰るのが朝九時ですから。あいつは寝るけど、おれはそのまま会社へいく。アカデミー賞作曲賞をとる前後の四年間ぐらいは、ほとんど毎日一緒にいたな。

尾崎豊に至っては、サラリーマンである域を完全に逸脱して、ぼくが人を集め、カネを集め、不動産屋を回って、「アイソトープ」という尾崎の事務所をつくった。坂本と毎日いる一時期が終わりをつげたら、尾崎と毎日いるというのが二年ぐらいあった。尾崎が亡くなってしまったので、それも終わりましたけど。だから、尾崎はぼくにしか原稿を書かなかったし、坂本龍一も基本的に活字ではぼくとしか大きな仕事はしていない。

それぐらいの関係になっていかなければ、あまたの編集者の中で見城徹だけと仕事をするという関係をつくるのは難しいですよ。

編集はいかがわしい商売

元木　ベストセラーづくりの発想のヒントを教えてください。

見城　自分でいうのは僭越《せんえつ》ですけれど、編集者でも伝説をつくれるかどうかの勝負だと思う。伝説さえできてしまえば、すべてがうまく回転していく。ただ伝説というのは自分がいったって広まらない。伝説をつくれるだけの内実がないと、人はやっぱり流布してくれない。

元木　実体は少し違うんだけど、虚像の部分がどんどん大きくなってくることが、編集者の仕事にとってプラスになるということはありますね。

見城　ただ、それはじつに七転八倒する日々で、尾崎豊は、ツアーが四、五ヵ所あれば、その四、五ヵ所全部にぼくがいかないと気がすまない。ぼくがほかのミュージシャンやほかの作家と飯を食ったというのがわかっただけで、暴れだすし、原稿は渡さないというし。

元木　それだけやってると、ほとんどほかのことに手がつかないでしょう。

見城　だから、尾崎のときは尾崎一色でした。でも、誰《だれ》とでもそういう時期がそれぞれあるんです。ま、恋愛みたいなもんですね。書いてる作品やつくってる曲がいいなぁと思わなければ、どんなに居心地のいいやつでも、付き合う必要はない。でも、どんなにわがままで、どんなに嫌なやつでも、どんなに自分を振り回すやつでも、作品でぼくを感動させてくれさえすれば、殺人をしようと何をしようと、ぼくはそいつと仕事したいし、そいつと切り結びたい。

元木　編集者でいちばん重要なのは企画を立てることです。立てた企画で本が売れたり、記事が話題になることが編集者としての、大きな喜びの一つです。幻冬舎のベストセラーの数々を見ていると、なるほど、こうしてベストセラーをつくるのかと感心させられますが……売れる企画の立て方を教えてください。

見城　よく聞かれるんですけど、答えはないんですよね。少なくとも、何か原料があって、それを加工して製品をつくるという商売じゃなくて、人の精神という目に見えないものを商売にする、いかがわしいところがある商売ですよね、編集って。なんにもないところから億というカネをうみだすわけですから、スポーツクラブにいってバーベルを持ちあげれば筋肉がつくとかという世界ではない。

　だから、一人一人とどれだけ深く関係し合えるかというだけです。ぼくの場合はまず人ありき。たとえば、タクシーに乗ってて、ふっと曲が聴こえる。ユーミンのときはそうでした。その歌を聴いていて、ときが過ぎゆくことの切なさを、ここまで歌詞とメロディーで表現するかというぐらい感動した。ぼくは荒井由実という人を知らなかった。で、「ただいまお送りした曲は、荒井由実さんの『卒業写真』でした」と聴いた瞬間に、この人と仕事をしたいと思った。ぼくがこんなに感動したんだから、この人と活字で仕事をしたときに、多くの人が絶対にその作品に感動してくれるはずだと。

　そこで、彼女のコンサートにいき、つてを頼り、楽屋に顔を出し、徐々に食事ができるようになり、夜中にときたま電話が家にかかってくるようになる、という関係になって初めて「私に本を出してくれってたくさんきてるけど、見城さんとならやりたいな」っていってくれる。

　尾崎豊の場合は、街を歩いててレコード店から曲が聴こえてきた。それが彼の『スクランブリング・ロックンロール』と『シェリー』だった。すぐに、レコード店に駆け込んで、今のは尾崎豊だと教えてもらって、尾崎豊の事務所を調べて電話した。すると、あなたが七番目だといわれた。「小学館、講談社、集英社、何とか社が前にきてる。ずいぶん遅いですね、角川さんは」。その後、六社ごぼう抜きにしてぼくが彼の本をつくることになるわけだけれど、まずはそこから始まるわけです。

たとえば、『スポーツグラフィック Number』のゼロ号というのが送られてきたとき、そこの広告ページに、〝J〟という署名で、四連覇がかかったビヨン・ボルグとロスコー・タナーのウィンブルドンの決勝戦について書かれていた。

それは両方の控え室の表情から書きはじめて、試合が始まり、ツー・セット・オールになって最終セットまでもつれ込んで、タナーが三—二でリードする。そこで、ロスコー・タナーが思うわけです。戦いにはキングスポイント、つまり試合を決める一球というのがかならずある。ツー・セット・オールで、ファイナルセットを三—二で勝ってる、四—二になればかならず自分はウィンブルドンを制覇できるだろう、ビヨン・ボルグの四連覇を阻止できるだろうと。

当時、ロスコー・タナーというのは、キャノンサーブといわれる世界最速のサーブを放つ男として有名だった。で、この一球がキングスポイントだと彼は信じ、全精力を込めてボルグのコートにサーブをたたき込む。打った瞬間、うまくいったと思う、これでおれは勝った、おれはキングスポイントをとったと思った瞬間、信じられないリターンが彼の足元を抜けていく。それを境にして形勢は逆転して、ビヨン・ボルグは四連覇をなし遂げるわけです。その一球はボルグにとってのキングスポイントだった。

〝J〟は最後にこう書く。「勝者と敗者は一瞬のうちに交錯する。タナーはあの一瞬を忘れることができない」。それはソニーのビデオの広告だったんですけど。

それを自宅のトイレでぼくは読んで心が震えた。で、すぐに連絡して、その〝J〟というのが山際淳司だと教えてもらって、会いにいった。

山際淳司が、『Number』の創刊号に『江夏の21球』というのを書くというので、それも含めて本にしたいから、『野性時代』にすぐ書いてくれと頼んで、『スローカーブを、もう一球』を始めとする七本のノンフィクションを書いてもらう。そうして、『江夏の21球』も収録された本ができるわけです。それが彼の輝かしいデビュー作になった。

坂本龍一もYMOのころはほとんど親交がなかったけど、『戦場のメリークリスマス』を聴いたときに、こいつと仕事がしたいと強く思ったんです。強く思えば、自然とあらゆる努力をしてそいつと仕事をするように近づいていく。

そいつと仕事をすれば売れるに決まってるという前提から出発する。尾崎豊と仕事をすれば売れる……。だって、音楽でこれだけ感動させるんだから、こいつを活字にすれば売れるに決まってる。ユーミンも、坂本龍一も、山際淳司も売れるに決まってる、売れないこともあるだろうけれど、いいものができるに決まってる、というところからしか出発しないんです。

　それは無名の人でも、全部同じです。たとえば銀色夏生というのは、ある時期、出せば常に百万部売れた。ぼくは、彼女の本を二〇冊以上、たった一人でつくった。というのは、銀色夏生はチームワークで仕事ができない人なんです。

　そのきっかけはジュリーの『晴れのちBLUE BOY』という歌の中で、「言いたいことは椰子《やし》の実の中」というリフレインがあるんですが、その歌詞はすごい、これをつくったのはだれだろうと思って、銀色夏生に会うわけです。

　自分が感動したものに忠実に自分は動いていくというだけなんです。自分が感動しなかったものに動いたって、情熱がないなら、六社飛び越えて自分のところで獲得するなんていうことはできないですよ。

　自分がテレビで観《み》てて、魅力的だな！　と思った女優と仕事したいと思うじゃないですか。そんなモチベーションがなけりゃ、情熱なんてわかないでしょう。この美しい女の写真集をつくりたいとか、どうしてもこの人のエッセイをつくりたいとか思わなければ、この世界にきた理由なんか一つもない。

　ぼくらが持ってる特権というのは、自分が感動したものに仕事と称して近づけることなんです。

劣等感がないやつはだめ

元木　これまでの中にほとんど出てますが、編集者として必要な資質は、感性、情熱、腰の軽さ、それに酒が飲めない編集者は大変ですね。

見城　酒飲めなきゃだめ、好奇心が旺盛《おうせい》じゃなきゃだめだと思います。

それから、本でも映画でも音楽でも何でもいいから、自分が感動したものを「とにかく読め。とにかく観にいけ。とにかく聴け」と、みんなにいえること。それは独断的でも、ほかの人が観て、「なんだ」といわれてもいい。五木（寛之）さんによくいわれるけど、「君が、すごい！　といった映画でぼくがいいと思ったものはあんまりない」と。

でも五木さんは、ぼくがいいといったものには、「まただめかもしれないけど行ってやろう」という気になるといってくれます。それは利害も、損得も何もなくて、この感動を自分にも味わってもらいたいと思ってこんなに一生懸命すすめてるんだな、と思ってくれるからです。感動を一人占めにしないで他人に分け与えたいと思う情熱がない編集者はだめですね。

元木　いい編集者って優秀な広報マン的なところがありますね。

見城　あとは、劣等感のないやつはだめですね。ぼくは劣等感のかたまりで、人間の暗黒の感情というか、負の心理というのにわりあい通暁してるんです（笑）。嫉妬《しっと》のない人間が「元木さん、あなた嫉妬深いね」とはいえないわけでしょう。自分が知らない感情を人に指摘することはできない。自分が野心という感情を知らないのに、「あなたは野心家だ」とはいえないのと同じです。人に指摘する言葉はすべて自分の中にあるものです。

ぼくは常にいろんな劣等感があった。家が貧乏なんじゃないかとか、顔が変だとか、小学校時代、中学時代は体がちっちゃくて、席がいつもいちばん前で……そんな劣等感がいろいろありました。少年時代にいろんな感情を経験できていると、相手に対して指摘ができます。それは編集者として必須《ひっす》の条件だと思う。

どれだけ劣等感を持ってきたか、または人間関係の中で傷ついてきたか。ぼくらの時代は戦争はなかったけど学生運動の真っ只中《まただなか》で傷ついてきた。あとは恋愛ですよね。その傷ついてきた総量が多ければ多いほど、相手に対して刺激的な言葉を投げかけることができると思います。思いやるということもできますしね。

だから、失恋を多くしてないやつはだめですよ。今は学生運動もなくなってしまった。ぼくらは学生運動の中で、もしかしたらあいつは裏切ってんじゃないかと疑心暗鬼になったり、突撃できない弱い自分と直面したり、いろんなことがあった。その中で、人間とは何かとか、人間の負の心理、暗黒の感情をずいぶん学んできたし、恋愛からも学んできましたね。今は恋愛しかないでしょう。だから、編集者で恋愛しないやつはだめですよ。

それから腰の軽さ。アンダーグラウンドは観まくってましたし、ロックコンサートもクラシックも時間がある限りいってました。自分が感動させてもらえるかもしれないものに出会いたいと思うから。

つかこうへいの芝居を最初に観たときは、まだ喫茶店に台をつくってやってた時代ですよ。こらすごいぜ！　と思った。そのころに、一五年間、角川書店以外から本を出さないという契約書をとり交わした。冒険だったけど、それだけ入れあげたんです。

林真理子だって、コピーライターとして『ルンルンを買っておうちに帰ろう』を出したばっかりの姉ちゃんだった。林真理子と会って、その過剰さに感動した。で、小説を書いてみないかってぼくがいった小説第一作が直木賞候補になった。彼女がメチャクチャ面白いから毎日会ってしまう。入れあげるということができない編集者はだめですよ。

元木　しかし、人間関係が密になり過ぎて関係が悪化することもありますね。

見城　相手との距離を一歩も二歩も縮めて付き合うわけだから、関係が一時期悪化することもあるかもしれない。というのは、大事なところに触れてしまうわけだから、それは擦過傷《さっかしょう》も負うし返り血もいっぱい浴びるわけです。でも、それを恐れていたら何も結果は得られない。ぼくはいつも部下に「とり返しのつかないことになってもいい。一歩も二歩も踏み込まないで、なあなあの仕事をするよりは全然いい。返り血を浴びたり関係が悪化することはしょうがないことだから、踏み込め」といってる。感動してなけりゃ踏み込めないやつはだめですよ。愛さなければ踏み込めない、編集者の一番の条件は感動することと、その相手に入れあげることですよ。それが編集者の特権なんだもの。まったく知らない、ふっとテレビに映った俳優だったり、街で聴こえてきた音楽に感じるものがあれば、その人に会って、仕事ができるかもしれない特権を持ってるわけだから、それをやらなきゃ編集者になった意味はないと思う。

元木　話を聞いてるだけでも、編集者ってすばらしいですよね。編集者って面白い（思わず淀川《よどがわ》さんになっている）。ありがとうございました。

自分を変えるものしか興味はない

——執筆年一九八六年

「かつてなかった」という言葉の実体に異常に反応するクセがある。いや、感応する病理があると言った方がいいかも知れない。病理だから仕方がない。結果的にいつも僕は「かつてなかった」編集者だった気がする。作家たちから、「君は目茶苦茶だ」と言われ続けてきた。そして、それを強く言う作家であればある程、僕と仕事をする質量が増えていったはずだった。作家はみんな病気である。だから、絶えず、新しく変わっていくものに敏感なのだ。

入社以来九年間『野性時代』という小説雑誌にいた。その後、一年と二ヵ月、単行本と文庫本のセクションに籍を置き、本造りがわかり始めた時、すなわち逆に言えば、本という制度のぶち毀《こわ》し方が見えてきた時、『月刊カドカワ』という雑誌に異動した。これは実によいことだった。ひとつの位置に長くいるとロクなことはない。その位置での仕事はほぼやりおおせてしまっているから、いつまでも長くいると、自分の出した結果ばかりをひけらかす進歩のないバカな編集者になる。自分が仕組んだ仕事の結果が出はじめるか、出はじめないかの時に、パッと別のところに行ってしまっているのが、美しい編集者というものである。

だから、この一〇年間、どんな仕事をしてきたか、なんてことはメンドクサイから書かない。そんなことには興味がない。僕にとっては、これからどれだけ「目茶苦茶」であり続けることができるか、が問題なのである。

と、ここまでカッコ良く書いてきて、大便をしにトイレへ行ってリキんだら、小黒一《おぐろかず》三《み》の凄《すご》さが身に沁《し》みてきた。座談会を読んでいただければ一目瞭然《いちもくりようぜん》だが、小黒一三は未曾有《みぞう》の編集者である。僕は彼と出会って、僕の「かつてなかった」「目茶苦茶」さなど、文芸ジャーナリズムの中でのものであることを思い知り、いささかPHPめくが、「人間の魅力」という言葉について考えざるを得なかった。小黒一三は人間として最高に魅力的である。そして、それがすべてである。彼がガタガタ喋《しやべ》っていることなど、あとからついてきたものだ。

僕が最も敬愛する角川春樹社長でも同じことだが、複雑に回転し、うねる未曾有の存在の前では、社会科学は無力に等しい。座談会のもう一人、かの栗本慎一郎《くりもとしんいちろう》教授の経済人類学でも説明できない。

その説明不能の「魅力」の一点にかかって、小黒のすべての仕事は進行してきた。小黒の肌の色とか眼《め》の光、吐く息の匂《にお》い……そういったものまでをも社会科学が説明できるか！

　さて、話は脱線してしまったが、自分の仕事のことについて書けという依頼なので、たった一つだけ、一番最近のものを書くことにする。ロック・シンガーについてである。

　本書（『Harvester』）の読者の何人が、この「かつてなかった」アーティストについて、知っているだろうか。僕は、この半年、彼に没頭していた。魅せられ続けていた。毎日、震えていた。

　いま、日本の音楽シーンは「かつてなかった」体験をしようとしている。

　尾崎豊という、一九歳の少年が主人公である。曲を聴き、コンサートに行ってもらわなければ、彼について知ったことにならない。いや、彼について知ることなど永遠に不可能なことに違いない。

　ただ、尾崎豊という未曾有の「存在」を、僕は、本にしたいと思った。それは、超スピードで変わり続ける彼のあくまで一通過点にすぎないが、その一点でも、印刷という媒体で表現したいと強く願ったのだった。何もかもをぶち毀してしまう彼の存在の仕方にふさわしく、本であるけれども、本でない本をつくりたかった。存在するけれども存在する不幸そのものを、声の質量と肉体で駆け抜けている少年の現在を、写真のように、僕の魂という感光紙に焼き付けて商品として流通させてみたかった。結果、僕も変わりたかったのだ。僕は僕を変えてくれるもの以外に興味がない。それが仕事につながるだけだ。

一〇月二一日、本は発売された。

『誰かのクラクション』という名前のその本は、発売二週間で一〇万部を超えて、この文章が活字になる頃《ころ》もベストセラーを続けているはずだ。

『誰かのクラクション』の発売の数日前に、僕は編集長として『月刊カドカワ』という雑誌に異動した。

だから、『誰かのクラクション』は僕の短い書籍編集部生活での最後の仕事ということになった。

僕の社長も、尾崎豊も、そして小黒一三も、いやおうなく自分を傷めて生きている。いや、そうでなくて生きられない種類の人間なのだ。その人たちが僕を変えてくれて、僕に仕事をさせてくれる。僕の友人たち、愛する女、憎むべき敵……。ちょっと、オーバーに言えば、僕の仕事は、僕の抜きさしならない「生」そのものなのだ。どんなに軽やかに跳んでいても、または悲嘆にくれていても、僕はそうやってしか仕事をしてこなかった気がするし、これからもそうやって仕事をするしかない。日夜、励んできたウエイト・トレーニングもなにもかも一切、あたり前だが、それが僕の生き方なのだ。僕は、まだまだ変わり続ける。

だから、『月刊カドカワ』も変わっていく。

『出版幻想論』序文

――執筆年一九九四年

たとえば私が企画した本をつくるとする。四六判ハードカバーの単行本。初版は一万部。内容の自信はある。六ヵ月後、返品合計は四千八百部。

こんなことはしょっ中ある。だが、その数字を前にして、どれだけの痛みを編集者たちは感じるだろうか。いや、その前に自分の担当した一点一点の返品数を確かめようとする編集者が何人いるだろうか。大手であればあるほどである。

返品四千八百部という数字は現実である。他に残っているのは支払われた印刷代、製本代、印税、装丁料、校正費、宣伝費、倉庫代、自分の給料……。

赤字。

これが自分の企画した本のたった一つの現実である。理屈など何一つ入ってくる余地がない。

編集者が企画時にぶち上げる出版意図も、結果が出たあとの言い訳なども、すべてはその現実の前で幻想である。

「文化に貢献する」「新境地を切り拓《ひら》く」「内容がいい」「良書を世に問う」「読書界に一石を投じる」「出版する意義がある」「良心的な本作り」などなど編集者が好んで口にするセリフは枚挙にいとまはないが、所詮《しょせん》、売れなければ読者にとって必要なかった商品なのである。そういう言葉は採算点をクリアしてから言えばいいのであって、そうでなければ単なる戯言《ざれごと》でしかない。

大体自分たちが何かレベルが上（何を基準にしているのかは実態がないのだが）のことをしていると思い込んでいる編集者が多すぎるのだ。

角川書店を辞めて幻冬舎という出版社を設立し、取材される度にしみじみ思ったことだが、〈出版社＝編集者〉という等式を信じて疑わない人たちのなんという愚かさよ。

世の中の〈出版社＝編集者〉幻想から糺《ただ》さなければ、その内部の編集者たちの出版幻想を突き崩すことは決してできない。

紙とインクと数字だけが事実であって、あとは幻想領域の産物であることを、彼らは金輪際理解しないのだ。

だから私はこれを書いている時点であえて本書を読んでいない。

ただ白夜書房の藤脇邦夫がついに書いたという事実だけを重視する。

彼とは約一〇年の付き合いになるが、彼が流通の最先端の現場である書店から自分の目と耳と足とで仕入れてくる情報は、私にとっていつも決定的に役に立った。彼の口から速射砲のように語られる言葉の数々から、私は多くのベストセラー本をつくった。あたり前であるが、彼は実にこまめに書店を廻《まわ》る営業マンなのである。

そして事実だけを語る。

その私の秘密兵器が、私だけではなく不特定多数の人にその情報を伝えようというのだから、これは私にとって驚天動地の出来事である。

だが、これも時の流れなのかもしれない。

しまった、彼の大好きな「養老の瀧《たき》」でもっと接待をしておけばよかった、と後悔してもすでに遅いのである。

藤脇邦夫のひょっとこ面から繰り出される言葉を石に刻むように書き留める行為が出版界を新たな外部へと引きずり出すことになるのならば、私の小さなエゴイズムなどどうでもいいものなのかもしれない。

ともあれ、本書を書いてしまった藤脇邦夫は、彼の持っている情報の質量を公開するという暴挙とともに、その売行きで彼が試されるという二重の意味のリスクを負ってしまったのである。

過去の栄光を封印し、新たなる標的に立ち向かえ！

——発言年二〇〇一年

四一歳のとき、異例のスピードで角川書店の役員にのしあがった。仕事はやってきた、結果も出してきた。しかしこの若さで役員になれたのは角川春樹というボスがいたからだとも感じていた。コカイン疑惑で角川春樹が逮捕される前々日、見城徹は、社長への辞任要求に賛成票を投じた上で自らの辞表も提出した。一三名いる役員のなかで辞表を提出したのは、見城ただ一人だった。

「結果が出たときには自分をゼロに戻して新しいものを仕掛けていく。やっぱり編集者はそれが一番美しいと俺は思う。無名の企画や無名の人を仕掛けて、それがブレイクして他のマスコミがワッと来るときにはそこをまた捨てて新しい標的に向かう。それが一番カッコいい編集者の道ですよ……」

角川書店を辞めたのが四二歳の夏。その三ヵ月後に会社登記をした。何社かの企業が資本金を出すと言ってくれたがすべて辞退し、個人負担の一千万円から始めた。保守的な流通制度のもと、新参の出版社が育ちにくい環境の中で自信と不安が錯綜《さくそう》する。見城にとって、これまで築いてきた作家や表現者、そして理解ある広告代理店や印刷会社との絆《きずな》だけが生命線だった。

「何がいちばんインパクトがあるかなと思ったときに、無名の出版社がいきなり朝日新聞に全面広告を出したら面白いだろうなと思ったんです。失敗したら個人破産するしかないわけで、保証も何もない状況だった。ところが広告代理店の副社長が『とにかく見城って男に自分は賭《か》けた』と言ってくれてね。後で聞いたんだけど全紙で六千万円くらいあった広告費用を『幻冬舎が払えなかったなら、自分の貯金から出すから広告を打たせてやってくれ』と言ってくれてたんです。同じように印刷会社の社長もね、一年後でも二年後でも支払いはいいと言ってくれたんですよね。この会社を作らなければ、『角川の見城』っていうだけで鼻をこんなに高くしていたかも知れないけど……。独立して良かったのはそういうことが分かったことだよね」

初めに出した六冊の単行本全てがベストセラーになった。だが、その後も見城の攻めは止《や》まなかった。創立三年目には文庫本の世界に参入し、一挙に六二冊を市場へ送りこんだ。大規模な文庫創刊は、その一五年前に出た光文社文庫の三一冊が最後だった。

「百人のうち百人に失敗するから止めろって言われたよ。『ダディ』の初版五〇万部もそうだった。でも出版界の常識なんていうのは先行する出版社が作ったものなんだから、常識を壊して戦わない限りこっちは勝ち目がないと思った。文庫の時も光文社が三一冊六億円の規模でやったから俺は二倍の六二冊一二億円の規模で立ち上げたんです」

〈新しく出ていく者が無謀をやらなくて一体何が変わるだろうか?〉これは見城が船出の広告を打つために考えたコピーである。彼のその無謀さは、角川時代から培ってきたものだ。しかしそれは会社に教わったものではない。この時代に見城は「サラリーマンの域を逸脱」して、尾崎豊の個人事務所を作った。その数年前、見城が作った『誰かのクラクション』という単行本はベストセラーになるが、その直後に尾崎が覚醒剤《かくせいざい》所持で捕まった。出所後の再会は劇的だったという。

「俺、校了の徹夜明けでさ、ずーっと運動してないなと思っていたから朝早くにヒルトンホテルのスポーツクラブに行ったんだよ。すると、白髪混じりのちょっとデブな男がトレッドミルを物凄い勢いで走っている。なんだか変なヤツがいるなーと思って運動はやめてサウナの方へ向かおうとしたら、男がいきなり俺の名前を呼ぶ。『尾崎です、尾崎豊です』と。まだ二三か四だったけど、白髪だし太っちゃってるし、ぱっと見たときはわかんなかった。『どうしたんだ』って聞いたら、『もう総《すべ》てを失った』と。『事務所もレコード会社もないし、自分は何もない』と。ただヤツは、もう一度復活したいと言ったんです。俺も自分が腐ってるなと思っていた時期だった。だから編集者としての復活を尾崎の再起に賭けてみようと思った。人集めから事務所探し、金の手当てまで全部やった。不動産屋を探し、俺の弟分を副社長にし、尾崎を社長にしてアイソトープって会社を作った。それから尾崎は俺にしか原稿をよこさなくなった。ただ、大変なんですよ。ご飯食べてても隣のテーブルのまったく関係ない人にナイフとフォークを突き出して『俺の話をするな！』って言っちゃうような男だから。たまんない地獄の道行きだったけど、作品は素晴らしいと思ってたから、尾崎に俺は付き合ったわけです」

見城は言う。「スムーズに仕事が進んだら、俺は疑う」と。

「だってこっちは『お前の一番見せたくない傷や膿《うみ》を出せ』って言う訳で……。関係性や存在感において、あぁこの人がここまでさらけ出し、ここまで体重をかけて俺に関係してくるんだったら、俺も出さざるを得ないと思って初めて作品が成立するわけだから。一歩も二歩も距離を縮めなきゃいけない。それによって関係が悪化することはいくらでもある。返り血は浴びるし、擦過傷は負うし。でもそれはしょうがないよ。それをやらなかったら何も生まれない。自分が安全地帯にいて相手にだけ表現してください、作品書いてくださいって言ったって面白いものは何も生まれない……。人間関係が絶縁状態になるってことだって何度もあったよ。でも、それだけの深さで絶縁関係になったものは、必ずまたどこかで復活するよね……。

俺はどっかでスポーンとさ、ビジネスが抜ける瞬間があるんです。ずいぶん失敗もしてきたし、利用もされている。たぶん気づかずに相手を利用もしてるんだろうけど。尾崎にしたって坂本（龍一）がソロになったときだって、五木寛之（『大河の一滴』が百万部突破）だって郷ひろみ（『ダディ』が百万部突破）だって石原慎太郎（『弟』が百万部突破）だってホント一緒に歩んできたっていう自負がある。ポーンとね、ビジネスが抜けるんですよ。俺を感動させてくれる作品を作ってくれるんだったら、ビジネス的なメリットがもたらされなくても何でもやるぜって気持ちになる。不思議なもんで、ビジネスメリットは結果としてついてくるんです」

何ひとつ保険をかけずに生きてきた代償に、見城は、アウトローであることをそのままビジネスに転嫁できる特権を得たのだ。

「凶暴って、結局臆病《おくびょう》なんです。臆病だからいつも最終決戦なんですよ。やるべき努力は総てやったうえで、どうやって鮮やかに勝つかってことでしょ。だから『蟹麿は金を出してでも買え！』っていうことになるわけだけど……。もう夜なんか眠れない。毎日ですよ。考えると怖くなってきて、涙がボロボロ出て止まらない日がある。悪い方、悪い方に考える。女性や酒に行こうとしても、自分が埋められない。もうこれ以上できないという努力をして全部仕組みも作った、後は運を天にまかすだけだと思っていても、やっぱり臆病だから不安なんだよね。だからいつも心は凶暴にしておくんです」

勝つことが目的じゃない。闘うプロセスに見城は充足を感じている。「心のシャドーボクシングをしているときだけが唯一自分を無にできる瞬間」だと言う。「そんなとき人知れぬ恍惚感《こうこつかん》をおぼえる」と……。

設立後の六年間で六冊のミリオンセラーを出したのは、出版界の長い歴史上、見城徹の幻冬舎だけである。

見城徹はチキンハートゆえに勝つ

——発言年二〇〇一年

FE（『Free&Easy』） いま出版界のなかで、見城徹ほどパワフルで敵なしの男はいないと言われていますが……。

見城　僕は、人一倍不安や恐怖を感じるタイプなんですよ。しょっちゅう後ろ髪を引かれているし、小石にもつまずく。何をやるにもウジウジ悩んだりクヨクヨする男なんです。七、八年前にトム・クルーズの仕事や私生活に密着して書かれた記事を雑誌で読んだことがあるんだけど、彼はいつもちょっとしたことでたじろぐんだそうです。例えば明日ベッドシーンがある。ものすごく憂鬱《ゆううつ》で落ち込む。ロケ現場でもずっと無口で。でもいよいよ本番の時間が近づいてくると自分を吹っ切ったように、「ロッケンロール!!」と叫んで現場に入っていくんだって。その気持ちがすごくよくわかるんだよね。以来、僕も一歩踏み出すときにはいつも心の中で「ロッケンロール!!」って叫んでますよ（笑）。

FE　でも、普段はそう見られないように工夫しているんじゃないですか？

見城　そんなことないよ。いつもミエミエに悩んで、最後は紙一重で前に行くというだけだから。

FE　幻冬舎という会社を作って以来、史上最速でミリオンセラーを六作も連発したり、三年目にいきなり一二億円をはたいて六二作の文庫本を送り出したり、郷ひろみの『ダディ』を常識外の初版五〇万部からスタートしたり……。どうして見城さんは毎回壁を突破できるんですか？

見城　そうしなければ何も始まらないと思うからじゃないかな。人は現状維持が一番楽なんですよ。でもそれでいたら満たされない自分がいる。寂しい自分がいるんですよ。だから、苦しくても、一歩前へ出る。

FE　それができる人は世の中に三パーセントくらいしかいないんじゃないかと思いますよ。その他大勢はアクセルを踏めないままやがて死んでいく。でも見城さんは、彼らの琴線もわかるから出す本が売れるわけですよね。

見城　その二重性は持っていないとね……。密《ひそ》やかに生きて密やかに死んでいく、誠実に生きて誠実に死んでいく、無口に生きて無口に死んでいく……。そこには重い生の営みがある。そこをすごくよくわかっていながら、自分はポーンと一歩踏み出す。突破する。そうしなければ生きて行けない。危険なものを見つけてそこへ行く。危険な道のランクがＡＢＣＤとあれば、ウジウジ悩んだ末にＡへ行く。それができない局面では、どこも突破しないでEを選ぶのかもしれない。AかEか。どちらにしてもミドルはない。その相矛盾する両方の振幅があって初めてマスを包摂できるんじゃないかと思いますよ。

FE　『大河の一滴』が文庫・単行本あわせて二七〇万部を突破した理由もそこですか?

見城　人は必ず病気になるし、生まれたからには必ず老いる。肉親だろうと友人だろうと人は裏切る……。仕事はうまくいかない、恋は成就しない。それを前提として生き始めようじゃないかというのが『大河の一滴』の根本に流れているものなんです。黙々と生きて黙々と死んでいった人たちはみな、それを静かに受け入れるんです。僕にとって尊敬すべき人たちというのは、そういう人たちなんですよ。人生の価値というのは、総理大臣だろうと田舎で黙々と生きた人だろうとみな同じだと思うんですよね。最終的に人はひとりで死んでいく。それはすべての人間に対して平等じゃないですか。その時、笑って死ねるかどうか。それ以外は全部プロセスに過ぎない。自分の人生が成功か失敗か、死ぬ瞬間、自分自身が決めるわけです。その瞬間のために僕は今、戦っている。

FE　なぜそんなに寂しいんですか?

見城　だって人は必ず死ぬんだよ! もし死なないのなら、すべての問題は解決しちゃう。フラれたって全然寂しくないと思わない? 一億年後には必ず恋は成就するだろう、一人くらいは(笑)。時間の秘密というのはものすごく大きなことで、ものの哀れもせつなさも、感動はすべてそこから生まれてくる。時が経《た》つことは誰も止められない。生老病死だよね。それを受け入れられるかどうかなんだけど、僕はダメなんですよ。生きている瞬間瞬間で自分を満たしてやらないと……。哲学者や宗教家がいろんな生き甲斐《がい》を説くけれど、本当の生き甲斐なんてないんですよ。でもそれがないなんて言ってしまえばおしまいだから、一生懸命自分の中でその場その場の生きる道を求める。宗教にきちんと入り込んで神と直結すれば、生涯寂しさを感じなくていいのかもしれないけど……。

FE　なぜ、そこにハマらないんですか？

見城　いろんな宗教を見たし、旧約聖書も新約聖書も全部読んでるし、法華経《ほけきょう》も勉強したけど……そこに自分を埋められない。それよりもこれだと思った女を勝ち得てセックスするときのほうが埋められるんですよ（笑）。それも瞬間的だけどね（笑）。あなたは何が一番寂しさを埋められる？

FE　足元にも及ばないですが、やはり仕事ですかね。

見城　仕事は大きな要素だね。でも、僕は仕事だけでも埋められないんだ。

FE　女ですか？

見城　自分を理解してくれる女は重要だね。男じゃダメなのよ。男が理解してくれてもどうしようもない。メディアの取材とかがドッと来るのも、一時は面白かったわけ。知らない人から「サインして下さい！」って声掛けられたりしてね。虚栄心やナルシシズムを満足させるところがあって、メディアに出ることによって寂しさを忘れられるようで楽しかったのね。でも、今はそれもできるだけやめようと思って九割方断っているんです。結局、仕事も一瞬、一瞬のものでしかないんだよね。最近、ソニーマガジンズからコミック部門を引き取って幻冬舎コミックスという子会社を作ってさ。けっこう博打《ばくち》なんだけど、今はそれに気持ちが入っているんです。それから、三年半かけて準備してきた小林《こばやし》よしのりの『戦争論2』を五〇万部売って、半年で百万部まで伸ばしたいなという気持ちも強い。そういうことを絶えずやっていないと僕はダメなんですよ。ささやかに売れるだけじゃ、寂しさを埋め切ることができない……。

FE 若い頃からそんなに寂しいんですか？

見城 ずっと寂しい。

FE 周りに愛がなかったんですか？

見城 いや、そうじゃなくて、人間はつねに死に向かって生きているわけじゃない？結局死ぬために生きている。それ以外は全てがごまかしですよ。何をやったって死という圧倒的な事実に向かっているわけで。それを回避できるならいいよ。回避できないからすべては一時的なごまかしでしょ。だから根本的に寂しいわけです。愛があろうと仕事がうまくいこうと。だから僕にとっては、死をどのように受容するかが最大の問題なんです。

ＦＥ　じゃあ「自殺」はどういう位置付けになるんでしょうか？

見城　自殺できれば一番いいと思っている。でも今はまだ自分で自分の命を絶つことはできない。何度もそうしようと思うのね。ただその勇気がないだけなんだよ。

ＦＥ　見城さんが自殺すると、残された幻冬舎の方々が大変じゃないですか。

見城　そんなことは知ったこっちゃないよ（笑）。僕は僕のために会社をやっているわけで、彼らは彼らのためにこの会社にいるわけで、僕が死んだら誰かが何とかするかもしれないし、離れていくかもしれない。彼らに家族はいるとしても、それぞれの人生のなかで今ここを選び取っているだけでしょう。だから僕は「辞める」というヤツは絶対に止めない。ものすごいエゴイストだから、この会社も見城徹という生き様の形だと思っているんです。僕の、のっぴきならない人生を生きるためにこういう会社になってしまったんです。アンドレ・マルローの『王道』の中で登場人物の一人が死ぬ直前に放った台詞《せりふ》がカッコいいんだけどね……。「死、死などない。俺だけが死んでいく」……まさにその通りで、俺だけが死んでいくんですよ。自分にとっては死でも、他の人にとっては死なんてないんです。

ＦＥ　なるほど。

見城　だから僕は、幻冬舎をやっていなかったら今ごろ飛行機の操縦席に座ってビルに突っ込んでいたかもしれない。アラブ人の彼も、もしかしたら微笑《ほほえ》みながら突っ込んだのかもしれない。それも彼自身の生き様なんだからいいじゃないかと思うよね。それは共同体の善悪や正義や真実なんていう、浮わついた言葉ではくれないものでしょう。死ぬ理由が見つかれば僕は死にますよ。ヘミングウェイが自分を撃った、三島由紀夫が腹を捌《さば》いた、奥平剛士が自分の足元に爆弾を投げたというのは、だから僕にとって重いんです。六〇年安保のときに全学連が国会に突入して樺美智子《かんばみちこ》という東大生が死んだ事件があったんだけど、その後彼女の日記が発見されて『人知れず微笑《ほほえ》まん』という本になってね。その本には、「最後に笑うものが最もよく笑うものだ」という。私も最後には人知れず微笑みたいものだ」という詩があるんです。彼女は早過ぎる死の瞬間、笑えただろうかって考えるんです。ホームレスでも大統領でもテロリストでも、みんな対等の人生を生きている。僕は最後に微笑んで死ぬためにダッシュしている。だから、すべての議論や人生論はどうでもいいことなんです。

FE　ただ、見城さんは少年の頃からずっと活字を愛していますよね。

見城　そうだね。いろいろ言ったけど、やっぱり活字をマスに売ることが、一番僕の寂しさを紛らわすことなのかもしれないね……。

FE　この業界内でライバルを意識したこともないのですか?

見城　自分のみっともなさも欲望も、薄っぺらなところもぶ厚いところも全部ひっくるめて幻冬舎としてやっているわけで、他とは比べ様がないんですよ。それは僕のオリジナルで、迷いながら生きているんだから自分の人生以外にライバルなんていない。人と比べるなんて生きる上で何の意味もないでしょう。

FE　過去も引きずらない？

見城　引きずらないんだよねぇ。自分を満たしてくれるものは、今、この瞬間にリスクがあるものじゃないとダメだから。だから「薄氷は自分で薄くして踏め」という言葉にもなるし、「新しく出ていく者が無謀をやらなくて一体何が変わるだろうか？」「顰蹙は金を出してでも買え！」というコピーにも繋《つな》がるんです。もし会社が倒産して一銭もなくなったとしても、また別の生き方を探すと思うよ。また違う僕らしい生き方になるはずだから……。表現者なのか宗教家なのか詐欺師なのかわからないけれど、僕は地べたからやると思いますよ。どうなろうと自分で死なない限りは、すべて戦いですよ。生きて行くしかないんだから。

FE　見城さん自身、自分の好きなところと嫌いなところをひとつずつ挙げてください。

見城　好きなところ？　そうね……臆病なところかな。細かいところまで考え詰めるから、不安に苛《さいな》まれないまま夜を迎えることはあんまりないよね。僕は臆病なんですよ。チキンハートだから無謀に行けるんです。いつもクヨクヨ考えているから、いろんなことを用意周到に埋めることもできるし、それがあるからターニングポイントで舵《かじ》を逆に切ることができると思う。

FE　チキンハートの無謀者ですか。

見城　そうかもな。なんとも言えない快感があるんだよ。いっぱい最悪の状況を考え、不安を抱えるわけだから。その上で覚悟が決まる瞬間っていうのは気持ちがいい。悩みに悩んだ末で行っているから退却しないんです。もう行くしかない。行くと決めた瞬間にはスポーンと何かが抜ける。ゼロになってもいいって本当に思える。

FE　自分が嫌いなところは？

見城　やっぱり臆病なところですよ。好きなところと嫌いなところって、じつはコインの裏表だよね。僕は細かくて臆病なんです。ひとつもないがしろにできないんです。たとえば二三、四歳の社員がトイレ掃除のオバちゃんに「早く掃除終わらせてよ」と無愛想に言って、それを通りすがりに聞いたとする。そんなことすら、ないがしろにできない。そいつと一時間でも話し合っちゃうんです。「今のセリフはないだろう」って。でもそこでかかわったことに対してまた自己嫌悪に陥るんですよ。すると一日か二日は自分が使いものにならない。小さなことで落ち込んでしまう。だから僕はパーティーには絶対に出ないと決めているんです。誰かに声をかけられたとき、他の人と話していて相手できないことってあるじゃないですか。その人に対して悪かったたっていう思いをずっと引きずるんですよね。小さいこと、細かいことにいつも躓《つまず》いている。もう、やんなるくらいにね。

ＦＥ　今後、見城ワールドはどう進むんでしょうね？

見城　ダッシュダッシュになっていくしかないと思う。もう肉体的にはチョーパン食らわせられない齢だけど、精神的なケンカはつづくでしょうね……。仕事と女しかありませんよ。あとはないもんね（笑）。僕は生きていて何が嬉《うれ》しいかと言うと、自分が仕掛けたものがマスに売れた後で「見城さんって素敵」って好きな女が言ってくれる、それが一番いいんだよ！　たったひとりの女にそう言われたいためにやってるんです！　それ以外は生きている寂しさを埋めようがない。

ＦＥ　では最後の質問です。見城徹のコンプレックスって何ですか？

見城　いっぱいあるけど、一つだけ挙げろと言われれば、正直に答えるけど、容姿がみっともないこと。僕は、顔がみっともないと思いながらずっと生きているからね。包み隠さず言えばそれはあるよ。それを克服しようとしてラグビーも頑張ったし、社会人になってから一〇年以上もウエイト・トレーニングを続けた。でもコンプレックスは抜けることがなかったね。顔も身長も体格も……。好きな女に「好きだ」と言う一歩を踏み出すのが大変なのね。まっすぐに「好きだ」と言いたいんだけど、そこにはものすごい葛藤《かっとう》があって、何年もかかる。とりもなおさず自分の容姿に自信がないからですよ。その人の存在感や魅力が男を決めるんじゃないかと思っていても、それもひっくるめて、ぬぐいがたいコンプレックスはあるんだよ。

FE　でも女性は一定の年齢を超えると「男は容姿じゃない」って言いはじめるでしょ。

見城　と思うし、友人は「お前くらい、いい女にモテている男はいないぞ」って言うけどね（笑）。

FE　モテているんじゃないですか（笑）。ところで女性は見城さんに何を求めてくるんですか？

見城　高嶺《たかね》の花であればあるほど言うんだけどさ（笑）、大概の女が言うのは「こんな面白い動物に会ったことはない」と。こんな生き物はもう生涯現れないだろうって……。

FE　強さに惹《ひ》かれたわけじゃないんですね？

見城　そうだね。意表をつかれたと思うんですよ、きっと。珍しいんだね。いままで会ったことのない生き物に映るんだね。なんだか最後は自慢話みたいになっちゃったけど……。恥ずかしいなぁ。

安息の地からの脱出

——発言年二〇〇二年

いつも辞表を胸のポケットに入れて働いていた

二〇代の頃は、折り合いのつかない自分自身のエネルギーをいつも場末の酒場で吐き出していた。新宿ゴールデン街とは、当時の見城徹にとって「女のなかに入りきれなかった精液が全て店の壁に飛び散っている」そんな場所だった。四、五回に一度はかならず店の客と喧嘩《けんか》になった。何をやっても満たされない。殴り合いにならないと気が済まない。新しく知り合った作家や、ひりついた関係がつづくミュージシャンたちと、朝の七時、八時まで酒を飲み交わし、二、三時間寝てまた会社に戻る。そんな毎日が五年以上もつづいた。いつ本を読み、いつ原稿を見ていたのか、いまではもうよく覚えていない——。

「当時から、僕は『角川だったらやりましょう』という作家とは、ぜったいに仕事をしなかった。もっと言えば、僕は、角川書店という看板が不利にしか働かない人たちとしか仕事をしなかったんです。先輩や同僚や上司が、どんなにアタックしても叶《かな》わなかった人だけと仕事をしてきた……」

二五歳の頃から約一〇年間、見城は週に二度ほどのペースでアンダーグラウンド系の芝居を見ていた。当時は、おそらくアンダーグラウンド系の劇団で見城の名を知らない人間はいなかった。つかこうへいや野田秀樹《のだひでき》に初めて小説やエッセイを書かせたのも彼である。

「これは面白いと思った連中に肩入れするわけですよね。こんな面白い芝居が知られていないのが悔しい。俺が世に広めたいと思い始める。そのために、あらゆる協力を惜しまなかった。そうやってアンダーグラウンドから出ていった連中が、どんどん有名になっていくわけです。彼らの芝居の動員がどんどん増えて行く。そのプロセスを見るのも心地よかったし、そんな連中との仕事はすべて角川の売上げにつながった。コンサートも同じだった。これはと思ったら、新人の頃から入り込んで行く。誰も眼をつけていない人間を大きくする。こいつといっしょに走りたいと思って、会社に内緒で事務所を作ったりもする。無名のものを見つけ、それを大きくして、初めて編集者だと言える。そう思ってずっとやってきたんですよ、僕は」

　やがて角川書店のなかで、見城の地位も上がっていく。三五歳を過ぎた頃からだった。次第に、見城自身、「雨が降ると面倒くさいと感じたり、コンサートや芝居よりも女との食事の約束のほうを取る」ようになっていく。ひりついた関係の作家と会う機会も自然に減っていく。週に二度の芝居小屋通いも、気がつけばひと月に一度も行かなくなってしまっている。この時期に、ふと振り返ると、仕事の現場から離れ、編集者としての情熱すら薄らいでいく自分に気づく瞬間があった。それを否定しようとする自分はいる。だが、否定しなくてもいい環境ができあがってしまっている。四二歳のとき、「角川コカイン事件」を機に退職するまで、約七年間、見城は辞表を抱えながら仕事をしていた。

「角川という仮住まいの家に住まわせてもらっているんだけど、このままじゃ自分がダメになってしまう、腐ってしまうと思ったんです。ゼロから始めたい。その気持ちだけで常に辞表を胸のポケットに入れていた。社長室の前に行き、辞表を出そうと思う。しかし、どうしても出せない。角川書店という家を捨てることは、どこかで社長の角川春樹に対する裏切りになる。角川春樹という人は、入社以来、最も愛情を注いだ人だったし、最も尊敬できる人でもあった。コンコンと社長室のドアをたたいた瞬間に、辞表を出せない自分がいるんです。角川春樹が悲しんだり、動揺したり、俺を引きとめたりする姿を見ることはできないと思った。三五歳くらいから辞めるまでの七年間は、辞めたい、でも辞められない、その繰り返しでしたよ」

見城は、常に最年少で社の新しいポストに就いた。毎年一番の稼ぎ頭だった彼は、最年少で取締役にもなった。しかし、取締役編集部長のポストが与えられる直前にも、いつ辞表を渡そうかと迷っていた。そのまま社に残っていれば、四五、六歳の若さで副社長のポストまで上り詰めたはずだ。そんな折、「角川コカイン事件」が起きる。角川春樹は逮捕され、失脚した。役員として、見城自身、角川春樹の社長辞任要求に賛成票を投じ、そして自らも社を去った。

「結局、僕にとって一七年間過ごした仮の宿は、角川春樹という人間一人によっていたということだったんです。だから辞めるときは、とてもクリアーだった。雲ひとつない青空を感じた。辞めても何のあてもなかったのに、あんなに清々《すがすが》しく感じたことはない。それは、角川春樹の呪縛《じゅばく》から逃れたということでもあったのかもしれない……」

　一人を有名にすればつぎにまた新しい原石を探しに出かける。会社のレッテルでは決して仕事をしない。それが、見城が思い描き、実践しつづけてきた男の美学だ。幻冬舎は、この見城の美学の集積によってできた出版社である。若く、無名だった頃から見城が切り拓き、切り結んできた作家やミュージシャンの人脈が、その新しい船出に活《い》かされた。見城がやるのなら、と言ってくれる者ばかりだった。

「会社というのはつねに自分の隠れ家《が》なんですよ。それが本拠地になってしまうとダメだと思う。一匹のヤドカリが、角川書店という大きな宿から出て、小さな幻冬舎といういつ崩れてもおかしくない宿に移っただけなんですよ。僕にとって、所属する組織はいつも隠れ家じゃなきゃダメなんです。その場所が自分のアイデンティティになってしまうと、自分の存在価値は全くなくなってしまう。人間は、会社が大きければ大きいほどそのレッテルに頼ってしまうものなんです。そうなってしまうと、もう終わりだと思う……」

　幻冬舎は急成長を果たした。皮肉にも、見城自身、幻冬舎という大きなレッテルを作ってしまった。だが見城は、今、そのレッテルを作った自分すらも壊そうとしている。

「つねにローリングストーンでなくてはいけない。自分で自分をぶっ壊す。昨日やったことを今日裏切る。『幻冬舎たる』的なものに安住してしまったら、僕はもうお終《しま》いだと思っている。社員にも自分にも、常にそれを問うている。正直、全てが全てうまくいくわけではないですよ。人間なんだから、うまくいかないときだってある。うまくいかなくても、自分で自分を変えようとする。ぶっ壊すことができている限り、仕事をする人は現役でいられると思う。七転八倒し、涙を流し、血を流した、その結果が大きな仕事になって実を結ぶ。しかし、その仕事が終われば、ふたたび自分をゼロに戻す。栄華や名誉をかなぐり捨てて、ふたたび自分をゼロに戻せるか。そこに常にチャレンジしている。自分が本当にアイデンティファイできるものとは、自分が死の直前に、その死を受け入れられるかどうか、その瞬間のためにあると思う。今、一時的にうまくいっていることは、すべてにおいて成功でも失敗でもない。死ぬ直前に『生きてきてよかった』と思えて、初めて成功だと言える。そう思っている。だから僕は、死ぬために生きるし、つねに隠れ家から脱出し、新たな生きる道を探している。いつでも脱出できるという状態を作って、仕事をしているんです」

見城は、人間は「何もかもが全てうまくいっている」と感じるときは一番危険なときだと思っている。人から見てうまくいっていると思われても、自分の中ではうまくいかない。「うまくいかないが何とかやりきれている」という状態が、人間にとって、実はいい時期ではないかと言う。そこまでトラブルやプレッシャーを背負って生きていて、彼は、逃げたいとは思わないのか。

「逃げたいとは思う。しかし、それが結局、全て自分の死の間際につながってくると思うから、結局は逃げられない。これを失敗したら倒産するんじゃないかとか、この手形が落ちなかったら終わりだなとか、どう計算してもあと三ヵ月以内に爆発的なヒットがなければ立ち行かなくなるんじゃないかとか、そんなことはしょっちゅうですよ。しかし、それ自体が自分の最期を決めるわけじゃない。プレッシャーやトラブルは当たり前、不幸なのは当たり前だと思えば、どうってことはない。毎日トラブルですよ。毎日憂鬱ですよ。角川を辞めたとき以来、会社をつくってから一度だって心が晴れることはない。人生にとって、全ては隠れ家なんです。人は、死ぬという寂しさを埋めるために仕事をしている。寂しさを埋めるために、自分が身を入れて愛することができる女を探している。仕事と女、その二つしかない。女という隠れ家に緊急避難するのもやはり……」

ヤドカリは、一度宿にした貝には二度と戻らない。また、最後の宿にした貝のなかでも死なない。死の直前に宿を発《た》ち、その消えかけた命は、磯《いそ》を揺らぎ、水中でたちまち固まり、収縮した死体となって静かに沈澱《ちんでん》し、蟹《かに》や鯊《はぜ》の餌食《えじき》になるか、または引潮に流され、海の一部となって消えていく。

ベストセラーを生みたければ混沌《グレイ》の海に身投げしろ！

――発言年二〇〇二年

グレイとは最高に豊かな色だと見城徹は言う。黒と白が激しく混交して作り出されたグレイの領域にこそ、ベストセラーは潜んでいると――。

「僕は、売れたものはすべて正しいと思っている。売れたものはすべて、いい本なんです。『なぜこんなものが売れるのか？』と思っている人は、世の中をよくわかっていない。いい本が必ずしも売れるとも限らない。売れる本には、必ず白と黒の豊かに混じり合ったグレイが存在する。両極を抱きかかえて混交させ、両極を激しく振幅させて初めて、人を無意識に刺激させるものができるんです。読者はバカじゃない。それがフラットか豊かであるかは一発で見抜かれる。『ダディ』（郷ひろみ著）にしてもそう。男と女が出会い、恋に落ち、結婚して、家庭をつくって別れていくという、純白で普遍的な物語なわけです。それは、確かに郷ひろみという生身の人間が血を噴き出して書いている誤魔化しも何もないものなんですよ。そこには、原初から人間が繰り返してきた男と女の営みがきちんと書かれている、そんな純白さがあった。もう一方で、速報性のメディアである新聞やテレビが全く知らないところで、六ヵ月以上もの時間をかけて作ったその本が、離婚当日に出版されてスクープになるという、そのスキャンダル性が黒の部分だったんです。その黒をもっと黒くするために、僕は、初版を五〇万部刷った。周囲からは『失敗したら会社が潰《つぶ》れるぞ』と言われたけれど、僕には必要だったんです。初版五〇万部がもうひとつのインパクトであり、これが離婚当日に出版するというスキャンダルに加わることによって、黒がより深くなると思ったんです。白と黒を深い豊かなグレイに染め上げて、結局『ダディ』は百万部までいった。もし一〇万部から始めていれば、五〇万部で終わっていたかもしれない。それは、『ふたり』（唐沢寿明《からさわとしあき》著／単行本一三七万部、文庫本五〇万部のベストセラー）でも同じなんです。あのタイトルには、唐沢寿明と本名である唐沢潔《きよし》との『ふたり』と、女房である山口智子《やまぐちともこ》との『ふたり』というダブルミーニングがある。俳優である自分と生きることにのたうちまわって、ひとつひとつの物事に決着をつけていく唐沢潔との『ふたり』が黒の部分だとすれば、山口智子との『ふたり』は白の部分で、その二つが混じり合った唐沢寿明という個体が、見事に深みのあるグレイに染め上がっているんです」

グレイゾーンのないところに宝はない。ベストセラーを狙《ねら》う編集者ならば、そこはわかっている。しかし、いまだ日本の出版業界には見城を超えるベストセラーメーカーは出てこない。見城は、「僕自身、人間としてすごく汚いところも持っているし、とんでもなくピュアなところも持っている」という。文学の中毒になったときもあれば、週刊誌のスクープ記者のような仕事をやっていた時期もあったと——。

「まだ駆け出しの頃だったけれど、最初に就職した出版社で『公文式算数の秘密』というベストセラーを作ったことがある。ある日、『公文式』と書かれた新宿御苑の小さな雑居ビルの看板を見たんです。しばらくして新聞に小さく『公文式算数教室指導者募集』という広告が出ていた。なんだ、あの看板は『こうぶん』ではなく『くもん』と読むのかと……。早速調べてみると、そこにはあるノウハウがあり、そのノウハウのテキストをもとに先生が自宅で生徒を集めて教えていることもわかった。これはもしかすると商売になるかもしれないと思い、そのテキストに基づいて一冊の本を出したんです。僕が半分以上書いたようなものなんだけど、三八万部も売れてしまった（笑）」

会員五万人程度の「公文式算数」は、この出版を機に電話が鳴り止まなくなるほどの勢いで成長し、いまや年商六百億を超える企業となっている。創業者が亡くなった現在でも、その社史には若き見城徹の業績を称《たた》える文面が載っているという。

「それでいながら、文学の虫みたいなところもあって、中上健次をはじめとする（当時は）売れない作家を真剣に世に送り込みたいと願っていた。ブラックゾーンとホワイトゾーンを抱えて生きてきたんでしょうね。ものすごく慎重な部分もあるし、ものすごく大胆な部分もある。繊細が白で、したたかが黒だとすれば、その二つがせめぎあって初めてグレイができる。よく、『天使のように繊細に、悪魔のようにしたたかに』と言うけれど、それは違うと僕は思う。『天使のようにしたたかに、悪魔のように繊細に』。そこで初めてとてつもなく豊かなグレイになれる。だから、『噂《うわさ》の真相』のような本を『あんなスキャンダル雑誌』と言って切り捨ててしまえば、それでお終いですよ。僕もかなりひどいことを書かれて、角川時代に『噂の真相』のせいで辞表を出しかけたことが何度もあったけれど（笑）、そのときでさえ面白いと思えた。僕自身のなかにも『噂の真相』はあるし、中上健次の文学を何とかしたいと思うようなピュアな一面もある。人は、その多面体が合わさったところに大きな魅力ができてくる……。警察の容疑者も星《ホシ》だし、輝くスターも星でしょ。スキャンダルを含まない星なんて、星じゃない。ただ美しく光り輝くだけの星は、フラットで真のスターではないんですよ」

グレイは作り上げるものだと見城は言う。しかし、見城自身、その対象に身を引き裂かれながらグレイゾーンに突入し、白と黒と両極が全て分解されてわからなくなるまで染め上げなければ、これほどのヒット作を生み出すことはできなかった。見城のなかには「グレイゾーンをわかっていて、それを仕掛けて成功するには、相当臆病できめ細かくないとダメでしょう。僕は小心者で臆病でいつもくよくよしている。しかしどこかで向こうみずで、強気で、アラも沢山ある」そんな自分もいる。見城は、自身の白と黒の激しいせめぎあいを持って、ターゲットとのせめぎあいに挑んでいる。

「グレイゾーンに入れば、信頼関係を積み重ねていくしかない。俺が言ったら断らないという関係をお互いに作るしかない。向こうが言った時も断らないという関係だから、ヤバくなるなという恐怖心との闘いですよ。ああ、ヤバくなる、面倒くさくなる、リスキーだと思いながら、しかし足を踏み込んでしまう。踏み込んでから考えればいいと思う。だから常に混沌の中にいる。混沌の中に身を浸してしか、物事は進まない。『噂の真相』も好きだし、真っ黒な悪だくみをしている奴《やつ》も好き（笑）。一方で真っ白なものも好きだし、その両極を受けとめて、楽しめなければ、クリエイティブな世界は渡っていけないと思う。なぜならば、僕らは、人の精神を商売にするのだから。原料なんて何もないところからモノを作り、百万部売る宿命なのだから。手品と同じで、僕らの商売こそがスキャンダラスなんですよ。いや、手品にはタネがあるからまだいい。詐欺師に近い。だからものすごく誠実じゃなきゃいけないところもある。誠実さと詐欺師を並立させていなければこの世界では生きていけない。警察が動く事件とスター誕生は紙一重だと思って生きなければ、ベストセラーは作れない……」

見城徹は小さなことにくよくよし他者への想像力を磨く

——発言年二〇〇二年

　この人はと思った相手が俺に百の頼みごとをすれば、俺は百を受ける。理由はひとつ、これだと思った人とは決定的な仕事をしたいためだ。決定的なものを相手に出させるには、刺激する言葉を吐き、相手と濃密に関係し、裸になって向き合い、七転八倒しなければならない。ここまで迫ってくるのだから自分はもう逃げられないと覚悟するところまで相手を追い込むしかない。そのプロセスで返り血を浴びることもあるし、擦過傷を負うこともある。

「唯一の無関心で俺を通り過ぎる者を、俺が許さずにおくものか」

　東大闘争の頃、安田講堂にあった落書きを思い出す。俺の前をただ通り過ぎることはできないと相手に分からせるためには、内臓と内臓をこすり合わせて関係を切り結ぶしかない。踏み込めばリスクがある。しかし踏み込まない限り決定的なものは生み出せない。しかし俺は、リスクの八割は必ず努力で埋められると信じている。実現の可能性が低いと言われるもの以外は仕事じゃないと思っている。そのためにリスクが一〇あるところに行くしかない。だから常にプロデュースがダメになった最悪を設定している。その上で最高の成功形をイメージし、そこへ向かって何をやればいいかを考える。最悪を想定して最高をイメージできるからクリエイティブなところではギャンブルがあり得る。自分が感動したものを大衆にも感動してもらうために、決定的な作品を社会現象にするために、切り結んだ関係を成就させるためには、俺はミリオンセラーを送り出し続ける。

例えば『老いてこそ人生』をプロデュースする。日本人の人口の三分の一以上が六〇歳以上となろうとしている世の中で、「老い」は売れるだろうという狙いもあった。しかしそれ以上にこの本をプロデュースしたかったのは、『太陽の季節』という強烈な夏を描いてデビューして以来、自分の肉体を信じ、偉丈夫を誇ってきた作家が七〇歳を迎えようとする今、黄昏《たそがれ》を書かずしてその文学を完結できないと思ったからだ。俺は慎太郎さんに『老残』という小説を書いてほしいと頼んだ。ゴルフをやるとドライバーの飛距離が落ちてくる。セックスは変質してくる。どこかが痛ければガンじゃないかと心配になる。シワやシミは増えてくる。子どもたちは離れていく。老いて初めて体験する無残さと切なさを書いて欲しいと新聞連載の場まで決めたが、どうしても慎太郎さんは自分には「老残」などないという。辞書にある「老いさらばえて醜く生き残るさま」などふざけるな、俺は老いと戦う、老いを楽しむ、老いを迎え撃つと言う。「老残」は小説になるが、老いを迎え撃つのでは小説にはならない。だからエッセイにしましょうと雑誌『プレジデント』に企画を持ち込んだ。連載時は『肉体の哲学―老いについて―』というタイトルだったが、幻冬舎から単行本として出版するときには『老いてこそ人生』にしようと石原さんと決めていた。二人とも政治家にとって「老い」はタブーと知っていながら、そうしたのだ。『老いてこそ人生』は予想通りミリオンを突破する勢いだが、僕はまだ小説の『老残』を諦《あきら》めてはいない。タブーを突破してこそ大きな結実はある。

例えば『ビッグ・ファット・キャットの世界一簡単な英語の本』をプロデュースする。その本が一五〇万部売れたことで、その後多くの出版社が英語本を出してくる。人が食指を動かしてきた時にはその先を行っていなければならない。幻冬舎は、売れると狙ったものは一点集中主義で広告する。テレビメディアとも上手《うま》く協力し合う。その戦術も他が真似《まね》し始めたら、別次元でビッグ・ファット・キャットをプロデュースしなければならない。応用編の副読本があり、英語教室があり、広告代理店や玩具メーカーと組みキャラクターやステーショナリーなどのマーチャンダイジングを展開するなど多角的多面的に売る施策を考える。

小さいことにくよくよするな！　なんてウソだ。小さなことにくよくよせずに、大きなことをプロデュースできるわけがない。小さな約束も守れない奴に大きなことができるわけがない。例えばトイレ掃除のおばちゃんに『永遠の仔《こ》』が読みたいと言われ、その日に在庫がなければ、おばちゃんの当番の日を手帳に書き残し、次の機会にちゃんと渡せなければダメだと思う。きちんと手帳に書き、覚えておく。果たしていないことがあれば常に書き出して、毎日クルマの中、トイレの中、ベッドの中で見る。そういうことができない人に大きなものを動かせるわけがない。プロデュースの第一歩は小さな約束を必ず守るということだ。自分一人だけで全ては動かない。要求したものを受けてくれるのも人間なのだから、この人に頼まれたなら断れない、この人にやれと言われたら懸命にやらざるを得ないと思われることが大切だと感じる。

少なくとも人間は、自分が傷つくようなことは他人にしまいと思う。自分が傷ついたから相手を思いやれるわけで、その負の感情、暗黒の感情をどれだけ体験できるかにかかっているのではないか。昔は戦争があった。貧乏もあった。学生運動もあった。逮捕されるのが極端に恐かった。アイツは裏切るかも知れない。志が同じ仲間の中でも女性の取り合いがあったり、主導権争いがあった。嫉妬や独占欲や猜疑心《さいぎしん》が渦巻き、俺たちは負の感情を背負わざるを得なかった。そういうことを体験すると、他者に対する想像力が芽生える。もはや今の時代、負の感情を体験できるのは恋愛しかない。恋愛によって初めて成長していく自分に気づく。相手にふられたり、ふったりすることによって傷つく自分がいる。他者への想像力が乏しい奴に人を動かすことはできない。他者への想像力が乏しい奴にプロデュースなどできない。少なくとも恋愛を経験していない奴にプロデューサーなどできない。それは単純に勉強ができる、リーダーシップがあるというものとも違う。

そして、自分がこれだと思ったものを仕掛け、必死で売り、ブレイクして世の中の人やマスコミがそこにガーッと集まってきた瞬間に、一顧だにせずその場を離れ、自らの体内に渦巻く負や暗黒の感情を奮い立たせ、また新たなる無名を求めて旅に出るのだ。

四〇歳代を闘い終えて……

——発言年二〇〇五年

見城徹、幻冬舎社長。若くして角川書店の取締役編集部長の椅子《いす》を手にした男が、角川春樹の逮捕を機に会社を辞め、同業の出版社を設立したのは四二歳のときだった。周囲の誰もが、そのとき「見城は必ず失敗する」と指摘したという。

「角川書店にいるかぎり、身の安全は保証されていただろう。社内での権力も増幅でき、大過なく生きることもできたはずだ。しかし、それでは、精神的にも、経済的にも、仕事の満足度においても、大きなリターンはなかった。あの日（角川春樹氏が逮捕されて）、辞表を出すことで彼に仁義をきる以外に方法はないと思っていた。大海に出るリスクも承知していた。全く先の見えない霧の中を、纜《ともづな》を解いて悲惨の港を目指した。それは破滅へ向かう道以外の何ものでもなかった。書店流通ひとつとっても、卸値のパーセンテージから支払いまで劣悪な条件が揃《そろ》いすぎている。これほどまで既得権が幅を利かせている業界はなく、新しいものが出ていく隙間《すきま》も殆《ほとん》どない。

それを抜け出せたのは、俺が無知だったからだ。毛沢東《もうたくとう》の『革命の三条件』は、〈無名であること〉〈若いこと〉〈貧しいこと〉。俺は、これに〈無知であること〉を加え、『革命の四条件』と呼んでいる。初めの六作品を宣伝するために、朝日新聞に全面広告を打って出た。いい意味でスキャンダラスな、まったく今まで知られていなかった出版社が忽然《こつぜん》として現れた、と思わせたかった。その六冊が売れなければアウトという中で、朝日だけで三千六百万円を投じた。その結果、すべてがベストセラーとなり、百万部近くが売れてしまった。無知ゆえにできた冒険だ」

失敗を恐れずに迷ったときは前へ出ろ！

四三歳の春、見城は、幻冬舎の船出となる六作の書籍を比類なきプロモーションとともに世に送り込んだ。出版するまでは不安と恐怖に苛まれる日々だったという。生命線は作家との強力なパイプのみだった。見城は若い頃から、共に仕事をしたいと思った作家には必ず手紙を書き、彼らを説き伏せてきた。作家だけではない。ミュージシャンや俳優といった人たちともセッションし、編集者の領域を越えたところで彼らの返り血を浴び、その血を原稿にかえてきた。情熱と関係性だけが財産だった。

「本人が本当に褒めて欲しいところを褒める、本人が気づいていないところを気づかせる。そして刺激を与える。的外れなことを手紙に書けばその時点で終わりだから、相手の心に染み入る手紙を書くことは血のにじむ作業だ。会社を設立した当時は一日二通ずつ書いていた。書く対象（作家）が五〇人くらいいたから、最初の六冊から期間をあけずに（出版を）ラインナップできた。力で変えてきたという自負はある。作品に対してきっちりモノを言えて、次の作品を生む刺激をどれだけ与えられるか。四〇歳代はそれを勝ち得るための闘いの日々だった。いつも不安と恐怖は付き纏《まと》っていたが、不思議と絶望的な暗さはなかった。ワクワクするほうが大きかった。

ただ、俺にも四〇歳代でひとつやれなかったことがある。それが雑誌だった。書籍に関しては自分が思い描いていたよりもやれた。しかし雑誌を作るという夢は、ついには叶わなかった。活字の文芸誌しかやったことがないけれど、『月刊カドカワ』を、数千部レベルの発行部数から一五万部まで伸ばしたという自負はあった。ビジュアル誌のジャンルでも出来ないことはないと思い、作る寸前までいった。でもそれは、体力のある四〇歳代にやるべきだった。だから『Ｆｒｅｅ＆Ｅａｓｙ』は羨《うらや》ましい」

この一〇年間で九作のミリオンセラーを出した。四〇歳代を闘い終え、五〇歳代に入った現在も、見城は、「無知」で「無謀」な闘いをやめようとしない。五二歳で幻冬舎を上場させ、経営者としての側面を自ら強化している。

「幻冬舎のブランディングは成功した。ただ、今度はそれが勝手にエスタブリシュされてしまい、その名前に垢《あか》や膿が付着してきた。常にローリングストーンじゃなければいけないものが、ブランディングによって保守的に見られることもある。それをどう壊していくかが次のテーマだった。そのとき、俺は上場しようと思った。上場すれば全てをディスクローズしなければならないし、毎期毎期、経常利益を右肩上がりに伸ばさなければならない。もう一度、息を吹き込み、ハングリーになるためにこの手段を選んだ。

一方で、日々、もの凄い矛盾を抱えることにもなった。ナイフのエッジを歩いてヒットを飛ばすことと、上場企業を経営することは最もかけ離れている仕事だから。エッジのリスクを背負いながら闘い、つねに勝利し、投資家を安心させなければならない。この二つの整合性など全くない。しかし、上場してしまったわけだから、そのなかでどう闘い抜くかを考えるしか方法はない。

一千万円の資本金でスタートした会社が、上場したら一番高い時で約四百億円の時価総額の価値を持った。俺たちの血と汗と涙の結晶が、一〇年たったら四千倍に膨れ上がった。これは、純粋に凄いことだ。『いや、金なんかどうでもいい』『貧しくても田舎で誠実に生きていれば俺の人生はそれでいい』そう思うのなら、それもいい。しかし、もしあなたが何かを闘い獲《と》りたいと思うならば、四〇歳代で膨大な金を手に入れるという夢を描くのも悪くない。

四〇歳代は、切羽詰って闘える最後の世代だ。この一〇年間をどう闘うかで人生は決まる。ただ、四〇歳代で何かを始めるときフォローウインドが吹く商売以外は、常にリスキーだと思ったほうがよい。三〇歳ほど若くはないし、五〇歳ほど先を見据えているわけでもない。しかし結局、迷ったときは前に出るしかない。幻冬舎を立ち上げるときも、いきなり朝日新聞に全面広告を出したときも、『ダディ』を初版五〇万部刷ったときも、三年の歴史で文庫の創刊を決め、過去の記録の倍にあたる六二冊発行して勝負に出たときも、『永遠の仔』に対して二五万部売れなければ採算の合わない広告を出したときも、常に自分に言い聞かせていたのは、『迷ったときは前へ出ろ!』だ。

前へ出て失敗する奴もいる。それはそれで仕方ない。既存の体制が大きな権益を握っているなかで、失敗を恐れず前へ出なければ、自分の目の前には何も現れて来ないのだから」

孤独を埋めるために前進する以外に道はない

見城は、仕事で闘い続ける人生をあと三年ほどで終わりにしたいと思っている。

真剣勝負の世界に生きつづけ、ベストセラーメーカーとして出版界を凌駕《りょうが》した男の闘争心は、それで収まりがつくのか。

「自分の人生を考えたとき、あと一五年だと思っている。正月を迎えるのも一五回、桜を見るのも一五回、季節季節の料理を食べるのもあと一五回しかないと。精神的には、一八歳の頃から全く進化していない。一人の女に恋するときの気持ちも、一八歳の頃と五四歳の今は全く変わらない。しかし、体力の衰えは確実にある。ゴルフのドライバーも四〇歳の頃より一〇ヤード以上飛ばなくなっているし、たまに持ち上げるフラットベンチプレスも極端に落ちている。常に体のどこかが痛い。

命には果てがあるわけだから、どこかで何を最優先にして決着をつけるかを考えなければいけない。四〇歳代はそれがまだ考えられない。五〇歳代になるとそれを考え始める。それはライフスタイルなのか、女なのか、金なのか、事業の継続なのか、何を最優先して自身の人生に決着をつけるのかということだ。

俺の場合、若い頃から最大のモチベーションは女だった。この人だと思った女に理解され、甘えられればそれでよかった。子供がいれば自分が父にならなきゃいけないというある種の成熟もあったかもしれないが、子供のいない俺にはそれが全くない。いつまでもガキだから、モチベーションの対象は観念的なものになる。だから俺にとっての女は観念だ。今でも自分だけを解って、抱きしめてくれる女を愛したい。しかし、それはいつも幻想のままに終焉《しゅうえん》を迎える。ずっと捕まえられず、いざ捕まえたかと思うと、全くちがう姿に変わっている。だから、永遠に孤独は埋まらない。

俺は自殺すると思う。死ぬのは怖いが、死の瞬間に少なからず笑いたい。自殺しない限りその瞬間に笑うことはできないのではないかと思っている。その瞬間こそが人生を決めるのだろうと、毎夜自問自答を繰り返している。

ヘミングウェイは、肉体が思いどおりに動かなくなったとき、生きていく必要はないという言葉だけを残して足で自分の顔に向けてライフルの引き金を引いた。肉体的な衰えと孤独を深めていく作業の中で、きっと俺も同じ道を辿《たど》る。

そう言うと、投資家のリスクが増えてしまうだろう。しかし、そのリスクをエクスキューズしてまで俺は事業を成功させたいとは思わない」

見城徹が選んだ男　マッスル小野里

――発言年二〇〇二年

いま僕が一番カッコいいと思っている雑誌は、『Free&Easy』なんですよ。いつまで写真を眺めていても飽きないし、文字を読めば毎号強烈な刺激を受ける。こんなにカッコいい雑誌なんだから、編集長がカッコいいのは当たり前のことでね。雑誌というものは、どれだけ優秀な編集者がいたとしても、編集長の生き様があってはじめて息づくものだから……。小野里に会って、一年ちょっと経つのかな。ここ五、六年で一番刺激を受けた、ステキだなと思える男なんだよね。

何よりもまず、小野里は着こなしがカッコいいんですよ。別にものすごくスタイルがいいとか、高い物を着ているわけでもない。服に着せられているんじゃなくて、彼は自分に服をフィットさせている。服を着たおしているんですよね。内面から滲《にじ》み出るものがないと服って着たおせないんですよ。

心がスウィングすると、目には見えなくても、そこに光や熱や風が起きる。そこに人は引き寄せられる。セクシーというのはそういうことだね。それがその人の魅力、その人の存在感でもある。小野里という人間はその心のスウィングが大きい。繊細だけど、したたか。貪欲《どんよく》だけど意地汚くない。自分のライフスタイルにはとても頑固だけれども、仕事ではちゃんとフレキシビリティがある。そんな両極をつねにスウィングできている男なんですよね。

　小野里はお世辞を言わない。でも、この男とずっといたいなとか、また会いたいなと思わせるところがある。それは彼の中のしたたかさと繊細さ、大胆さと臆病さ、強さと弱さ、ものすごく激しく動いているものとピタッと静止しているもの、そういった両極がいつもスウィングして入れ替わっているからだと思う。ジャズは、『スウィングしなけりゃ意味ないよ』という名曲があるくらいの音楽だけど、彼のなんとも言えない独特の彫りの深い顔の中に「スウィングしなけりゃ意味ないよ」と描いてあるような気がする。ひとつひとつの動作とか、台詞、着こなし、振るまい、全てがスウィングしている。

　心が、筋肉質だと思うんです。心の筋肉の美しさというのは、ウエイト・トレーニングで作る肉体の美をはるかに凌《しの》ぐんだよね。心の筋肉からにじみ出る優しさというのか、彼が抱き支えて耐えているものというのかな、それが苦みばしっていてカッコいいんですよ。極上のコーヒーを飲んだような、ビター・スイートの。ビターも、スイートも振幅でしょ？　彼にはそれをひとつに抱きかかえる力があるんだよね。片方だけ抱きとめることは誰にでもできるんだけど、スウィングする両極を抱きとめて存在するというのはむずかしい。

「マッスル小野里」とはよく言ったもんでさ、もともとは筋肉質のカラダを含めてのネーミングかもしれないけれど、心の筋肉質がちゃんと成長しているから小野里は「マッスル」だと僕は思いたいね。（若い頃から小野里がつづけている）ウエイト・トレーニングっていうのは、相手がいるスポーツとはちがって、自分が苦しんだら苦しんだだけ確実にメイク・ア・フルーツするわけですよね。例えば百キロのバーベルを持ち上げている時に、もう辛《つら》いからいいやと思ったら筋繊維は太くならない。百キロが持ち上がらないというところから苦しみに苦しみ抜いて、やっと持ち上がった時、ようやく筋繊維が前より太くなっている。で、つぎの一〇五キロに行けるわけです。すべては自分との戦い。自分が諦めるか諦めないかで勝負が決まる。すべて自分の明日に降りかかってくる。相手はいない。自分が苦しめば苦しんだだけ結実するし、自分の求めている筋肉ができるわけですよね。彼は常に自分の心の筋肉を太くしようと努力しているのが分かるんですよ。四〇歳を過ぎても、つねに新しい刺激を求め、新しい冒険に出かけ、そして真っ向から勝負を挑み、貪欲に成長したいと願っている。いつも会うたびに新しいマッスル小野里がいるという感じだよね。成長しないヤツほどカッコ悪いものはないと僕は思っている。そういう意味でマッスル小野里は、日々の成長が相手にビビッドに伝わってくる、まさにカッコいいとしか表現しようのない男ですよ。

濃密な季節　清水南高

――執筆年一九八八年

高校へ入学した年の初夏、英国のロック・グループ、ビートルズの来日が決定した。六月の柔らかな陽光の射《さ》し込む廊下で、背の高いボーイッシュな女生徒が「見城君、ビートルズが日本に来るのよね、東京まで行くの?」と声をかけてきた光景を、僕は今でも映画のフィルムのように鮮やかに思い出すことができる。ちょっと栗色《くりいろ》がかった短い髪が窓から流れてきた微風で揺れ、黒い大きな瞳《ひとみ》がキラキラと輝いていた。グレイの制服のスカートから伸びた形のよい脚が白い光の中で眩《まぶ》しかった。

僕はビートルズが大好きだった。というよりも、ビートルズ以外に生き甲斐がないくらいに彼等に打ち込んでいた。レコードを全部集め、四人のメンバーのバイオグラフィーを暗唱し、歌詞を日本語に訳した。彼等の載った記事は目につくかぎりファイルし、東京のファン・クラブと交信した。

入学して二ヵ月もたつと、そんなことはクラス中の誰もが知っていたに違いない。彼女が僕に話しかけてきたのは、もちろんそんな背景があってのことだった。そして、その時が卒業まで続く片想《かたおも》いの恋の相手との、最初の会話だった。

僕は高校時代の二年半、一人の女生徒に恋をしていた。山と海に囲まれて、陽《ひ》ざしがさんさんと降り注ぐ、青春小説の舞台になりそうな高校で僕は彼女の一挙手一投足に歓喜し、時には絶望的な気分で声を上げて泣いた。

高校時代の日記を読み返していると、ほとんど毎日のように放課後、浜辺に出ていたことに驚かされる。砂浜に坐《すわ》り込んで、僕は多感な青春時代の感傷を海にたたきつけていたのだった。果てしなく友人と議論したのも、片想いの切なさに陽が沈むまで涙していたのも浜辺だった。明日からはメチャクチャに勉強して彼女を見返してやるぞと決意したのも、死ぬ程、本が読みたいと願ったのもその浜辺なのだ。一人の女生徒への恋は、僕に人が持ち得る様々な感情を経験させてくれたし、なにがなんでも勝ちたいという、あらゆる挑戦へのモチベーションともなった。あれ程までに濃密な季節は僕にとって高校の三年間以外はなかったと、僕はきっぱりと断言できる。人はあとで考えると信じられないくらいの情熱で何かに入れ上げることがある。僕にとっては、それはことごとく高校時代に集中している。規則に縛られ、受験勉強に追われながら、いや、そのような抑圧があったからこそ僕は対象と懸命に格闘できたのだと思う。そしてその格闘は例外なく今の僕に生きているのである。

人が何かに全精力を傾けて入れ上げた時、効果はその場で得られなくとも、いつか必ず大きく実る時がある。ビートルズや恋愛という、その時の当面の目標にとってマイナスと思えることでさえ、あとで大きくプラスしたりするものなのだ。懸命に打ち込んだことが無駄になることなど決してあり得ない。僕は激しく人を恋することで学校では教えてもらえない複雑な人間心理の襞《ひだ》と摩訶《まか》不思議さを学んだし、自意識という手に負えない怪物と対座せざるを得なかった。今、僕が活字の世界の人間でありながら日本の錚々《そうそう》たるミュージシャンたちと互角につき合えるのも、あの時のビートルズへの思い入れがどれ程役に立っているか計りしれない。もちろん、高校時代に図書館から借りて濫《らん》読《どく》した書物の数々は、出版人としての僕のすべての原点となっている。清水南高の陽と空と風と海とは、抜き差しならないぐらい僕の身体に行き渡り、血肉となって僕の性格を形づくっている。

ほぼ毎日通っているスポーツクラブで、ベンチプレスに向かう時、いつも思い出すことがある。高校時代、僕はベンチプレスで四〇キロが持ち上がらなかった。今、僕は一一〇キロを差し上げることができる。しかし、一二〇キロを持ち上げるまでやめるわけにはいかない。それには理由がある。僕が四〇キロを上げられなかった話はすぐに彼女の耳に届いたらしい。彼女は僕に聞こえるようにこう言ったのだ。「わたし、力のある男の人の方がいいわ」。その言葉はずっと僕の耳にこびりついていた。七年前、トレーニングを始めた時、僕はあの時上げられなかった四〇キロの三倍の一二〇キロに目標を決めたのだ。あと一〇キロ。それまで何年かかるだろう。でも僕はどんな苦労をしても必ずやり遂げる。

高校時代の格闘は、まだ、続いている。

人生の一日　五味川純平『人間の条件』

――執筆年二〇〇五年

高校二年の夏休み、一気に読みきった。その間、食べることも眠ることもしなかった。全身が汗でびっしょりになっていた。

地方の港町で、ラグビーボールを追いながら、報われない初恋に悶々《もんもん》とする高校生活を送っていた少年に、この本は「国家とは何か。個人とは何か。オマエはどう生きるのか」という問いを鮮烈に突き付けてきた。体の中を激しく突き上げてくるものがあった。「オマエは一体、何をしているのだ。オマエはこのままでいいのか」という声が倍音のように頭の隅々にまで響いていた。

主人公の梶《かじ》は、自分の弱さを嚙《か》みしめながら、しかし人間として恥じることのない生き方をしようと格闘していた。戦争という大きなうねりの中で、運命に妥協することなく、自分の良心に従って、勇気ある一歩を踏み出しては、損な役回りを引き受けていた。そして、それでも自分を責め続けて生きていた。

「もう直ぐだ。俺は苦しみばかりと並んで歩いて来たが、それももう終わる。今夜、俺は君を見るだろう。君の声を聞く。手に触れる。思い出す。そう、失われたもののすべてを、今夜取り戻すだろう」

祈りにも似た美しい独白である。朦朧《もうろう》とした意識の中で、梶は妻に向かってそう呟《つぶや》きながら異国の降り積もる雪の曠野《こうや》で朽ち果ててゆく。

梶の生きた軌跡に較《くら》べ、何と自分の安易で軽薄であることよ。

本の末尾に「S42・8・23 読了」とある。人生の一日があるとすれば紛れもなく、その日は僕の最初の人生の一日だった。一週間後、僕はマルクス・エンゲルス全集を買い込んだ。

新学期が始まろうとしていた。

大学では学園紛争の火蓋《ひぶた》が切って落とされていた。

憂鬱なる党派の季節がすぐそこまでやってきていた。

懐かしい兄よ　大島幾雄

東京二期会オペラ『ラ・ボエーム』に寄せて

――執筆年二〇〇六年

山と海に囲まれた静岡県清水市（現在は静岡市に併合）。小学生の頃、僕は父親が勤める会社の社宅に住んでいた。社宅は鉄筋三階建て一棟一八世帯、A棟からE棟まであって、団地のようになっていた。A棟の一番右の入口の一階が僕の家で、大島幾雄さんの家は三階だった。

一つ年上の幾雄さんは本社のある東京から引っ越して来て、一言で言えばハイカラ、清水の少年たちとは全く違う都会的なムードを漂わせていた。僕はそんな幾雄さんに憧れて、いつも一緒について廻っていた。幾雄さんは勉強もできたし、いままで見たことのない楽器や科学図鑑、文学全集や画集などを持っていて、いろんなことを僕に教えてくれた。

学校から帰ると、すぐに上の幾雄さんの家に行き、夕食まで過ごすのが日課だった。幾雄さんが考案する遊びやゲームは毎日新しい発見に満ちていて、いつまでやっても飽きることがなかった。幾雄さんの話を聞いているだけで僕はこの上なく幸福だった。

しかし、二人の蜜月《みつげつ》は小学校までだった。中学になると僕の家は新しくできた棟に引っ越して行き、僕は読書に夢中になった。幾雄さんも本格的にフルートをやり始めて滅多に会うことはなくなった。

あれから膨大な時間が過ぎ、二人はそれぞれの人生を生きた。幾雄さんは日本を代表するバリトン歌手となり二人は四〇年ぶりにこの舞台と客席で再会する。

小学生の頃のあのきらめくような時間がなかったら、今の僕はあり得なかったとしみじみ思う。

オペラの幕が上がり、幾雄さんが登場した時、僕は何を想うだろうか。

懐かしい兄よ。息も絶え絶えに、僕もここまで生きてきました。あなたの僕の知らない四〇年の歳月を僕はしっかり見届けます。あの頃の幸福だった時間を噛みしめながら。

アイ・アム・ミスター・エド

――執筆年一九九九年

子供の頃、『ミスター・エド』というアメリカ製のテレビ・ドラマがあった。

♪馬がしゃべる／そんなバカな／ホント、だけど相手は一人／ホントに好きな人にだけ／アイ・アム・ミスター・エド♪

というテーマソングで始まるこのドラマは幸せな家庭を築きながら、小石に躓いて人生に悩むサラリーマンの夫と、その夫にだけ言葉をしゃべる馬との友情を優しく切なくコミカルに描いていて、週一回の僕の最大の楽しみだった。

トラブルがあると納屋に行って飼っている馬に、夫は一方的に自分の辛さを語りかけるのだが、ある日突然、馬がしゃべり出し、人生相談までしてしまうのだ。

妻が犬を飼おう、と言い出した時、僕はそのドラマを思い出していた。

それなら、顔も馬に似ているシェットランド・シープドッグ、名前は「エド」とすぐに決めた。当然、雄でなければならない。

かくして、エドは生後二ヵ月で、我が家へやって来た。

それから三年、僕は毎日エドに話しかける。今ではこちらの言葉のたいがいは理解しているように、見える。いや、そう勝手に思い込んでいる。

いつか、こいつもあのテレビ・ドラマの馬のようにしゃべり出す、しかも僕だけに。そう信じて、仕事や対人関係、体調やゴルフの悩みまで、僕はエドに打ち明けてきた。だが、彼はまだ答えない。ただ微妙に変化する表情と動作で、僕は彼の返事を推し量るのである。

毎朝七時頃、僕の部屋のドアがかすかな音をたてて開く。と同時に何者かが突進してくる気配があって、僕は目覚める。来たな、と思う間もなく、エドはベッドに跳び乗って来る。足で僕の顔を軽く引っ搔《か》くか、耳から首筋にかけて舐《な》め始めるか、要は早く起きて、散歩に行こうよ、というお誘いである。

それでも無視していると、諦めて布団の中に尻《しり》の方から潜り込んできて、また再びの僕の微睡《まどろ》みに付き合うこともあるが、たいがいが眠い目をこすり上げて洗面もそこそこに僕は外に出かける準備をすることになる。

妻は絶対に起きないと分かっているから、妻の部屋など見向きもしない。支度をする僕にまとわりついて、早くしろ、とジャンプの連続である。

マンションの玄関を出たとたん、いつもの植え込みで気持ちよさそうに朝ションをまず一発。

幸い周りには公園が多いから散歩のコースには不自由しない。よっぽどのことがない限りリードをつけないで自由に歩かせ、その日の二人の気分で行くコースを決める。というより阿吽《あうん》の呼吸で、二人は同じ方向に進み出している。

一番多いのは新宿中央公園から都庁を廻ってというコースで、小休止するベンチも決まっているから、ちょっと油断して見失っても、彼はちゃんと先にベンチに座って僕を待っている。

新宿副都心の高層ビル群が、朝の太陽に照らし出されて輝き始めるのを眺めながら、僕はエドに話しかける。僕が弱音を吐ける唯一の場所、唯一の時間である。

会社を設立して三年目、肉体的にも精神的にも疲れがピークに達していた時にやって来たエドの役割は大きかった。物言わぬセラピストとして、僕の勝手な告白を白と茶の毛並みが極上のマフラーのように美しい一〇キロの身体で受け止め続けてくれた。

通りがかりの人に聞こえたら、薄気味悪かったかもしれないが、僕にとってはこの上なく、心安らぐ一時であったのだ。

そのベンチで、僕は季節の儚《はかな》い移ろいを感じ、季節に染まっていく道行く無数の人々の生の営みを想像し、これから始まる今日という一日を生き抜く切なさと格闘する。そんな一日が積み重なり、折り重なって、一年、二年と過ぎてゆく。

僕にとって生きるとは、そういうことだ。

忘れられない光景がある。

生後八ヵ月くらいで、エドを訓練に出すことになった。僕は反対したのだが、その方が後々エドのためにも絶対にいいという妻の主張を容《い》れて三ヵ月のコースを選択した。

実際、インテリア・デザイナーを入れて改装したばかりの家の壁や家具は囓《かじ》られて無残な姿をさらし、絨毯《じゅうたん》には漏らした小便のシミが絶えず、一人、部屋に残すとそれが一時間でも猛烈に寂しがった。

三ヵ月の別離は悲しかったが、それでエドが居心地良く生活できるようになって帰ってくるなら、と僕もようやく決心したのだった。一週間に一度、飼い主も一緒になっての訓練があって、それが面会日にもなるのだが、最初のその日が待ち遠しくてならなかった。

預けた店はガラス張りになっていて、車を降りた僕の目に小さなケイジの中に入っているエドの姿が見えた。

ドアを開けて店内に入っても、エドは気がつかない様子で蹲《うずくま》っていたが、僕と目が合った瞬間、彼は立ち上がり、呆然《ぼうぜん》と僕を見つめたまま失禁したのだった。

結局三ヵ月分の料金を払って、一ヵ月でエドを引き戻すことになったのだが、あの失禁した時のエドの表情は今も脳裏に焼き付いて離れない。これほどまでに僕を必要としてくれる〈存在〉がある。その〈存在〉は何と生きていくという難事業に張り合いを持たせてくれるものだろうか。

かくして僕は今日もエドと散歩に出かける。いつもの公園、いつものベンチでいつものように話しかける。今日こそエドが、

「アイ・アム・ミスター・エド」

としゃべり始める奇跡を信じて。

第三章

SOUL OF PUBLISHER

常識って、僕より無謀です

――発言年一九九九年

一冊の単行本、一人の編集者の無謀からでも、社会の事始めは促せる

『ふたり』『弟』『ダディ』『大河の一滴』などミリオンセラーを出し続けている幻冬舎。今年三月発刊の『永遠の仔《こ》』は、「自分は生きる価値がない」と思い込んでいる主人公たちに向けて、「大丈夫、生きていていいんだよ」というメッセージが全編に込められ、不確かで困難な時代を生きる私たちに温かく届く。売れ行きも好調だ。幻冬舎の代表取締役社長で、現役の編集者でもある見城氏は言う。「僕も、うちの編集者も、キッチリと自分の体重をかけた信頼関係を作家と築くことがすべての基本。その上で作家に返り血を浴びるくらい肉薄する。しんどいっちゃしんどいよ。でもね、編集者自らが自分を追いつめて、書き手と同じテーマを追い求めなきゃあ。生半可じゃ切実な表現は生まれない。作家にとっても僕らにとっても決定的な作品でさえあれば、数字はついてくるんですよ」

平成六年の創業時、氏は「闘争宣言」を関係者に配布。「大手寡占状態の中で、出版社は作者と読者の両方の胸の鼓動や息遣いに耳を澄ますことなく本を送り出しているのではないか？　血を流し、葛藤《かっとう》し、渇えている作者と読者のひとりびとりに対してあまりにもヌクヌクと生活しているのではないか？」。文芸ものが売れない、本が売れないのは、一に出版する側の責任であるという表明はストレートに読者に伝わった。五木寛之、村上龍、吉本ばなな、山田詠美、北方謙三《きたかたけんぞう》、篠山紀信ら一挙六人の書き下ろしを引っさげてのデビューは衝撃的な話題を呼び、好調な売れ行きを記録した。新参の出版社が書店への流通システムにのることさえ難しい状況下で、である。

「新しく出ていく者が無謀をやらなくて一体何が変わるだろうか？」。三年目、幻冬舎文庫を創刊した氏は、このメッセージを発信して激戦の文庫市場に参入した。一挙に六二点、総発行部数三五〇万部。現在、幻冬舎文庫は書店の棚を席巻している。四年目、郷ひろみが離婚の真相をつづった『ダディ』を出版。人気タレントの離婚の第一報が単行本。大手新聞の全面広告で、刊行と同時に世間に明らかにするという前代未聞のスクープをやってのけた。遅いメディアであるはずの書籍が、速報性を命とするテレビ、新聞、週刊誌を出し抜いてスクープ・メディアになった瞬間だった。しかも、初版六千から八千部の常識を破り、五〇万部という出版史上空前の部数で。五日間で百万部を発行した。氏は言う。「基本的に、僕のやり方、幻冬舎のやり方の根底には、常識や制度と闘い、それを破壊するということがあるんです。『薄氷は自分で薄くして踏め』とか、『顰蹙《ひんしゅく》は金を出してでも買え！』とか。全部ものすごくリスキーですよ。でもリスクを恐れていたら、何も始まらない」

今、出版界も不況下にある。出版物販売額は二年連続前年割れ。昨年の新刊点数六万五千百一三点、書籍返品率は四割以上だ。売れない原因は、メディアの多様化による活字離れと不況、というのが出版人の通説。しかし、「それは違う」と見城氏は言い放つ。「要はどれだけ読者の胸にしみこむか。漱石《そうせき》がなぜ読みつがれてきたか。おもしろいからです。おもしろいという視点が出版社から抜け落ちた瞬間に、活字は硬直化するんです。そのことを自問せず、今になって、編集者も読者や市場を意識しなければなんて、当の出版人が言っている。つまり、本が売れないのは自分の責任だと、自分の責任において事態を引き受ける姿勢を持たない。それが常識としてまかり通っている。僕は無謀な常識をこわしたいから、それ以上の無謀をやっているだけ。だって、敵の武器を使っての闘争だってありうるわけだからね」

出版人が前提としているものを、現実はとっくに凌駕《りょうが》している。現実に食い入ろうとする見城氏の志と営みは、むしろまっとうだ。一九世紀前半、バルザックが活躍した近代ジャーナリズム誕生の時代、出版はもっと破天荒で、もっとエネルギッシュだったはずだ。常識の精神に自らをあずけてしまっている出版界に対して、氏こそその嫡流といえる。幻冬舎は、資本主義下で人間の存在理由に気づかせる独自の文芸空間をつくり始めている。日本の社会、経済、文化のすべてのシステムが自明性を失い大きな曲がり角にある今、出版の自明性なんてあり得ない。幻冬舎文庫創刊のメッセージは、こう読み換えられる。「新しい会社を始めるのに、無謀な常識をこわさないで、一体何が始まるというのか?」。出版ジャンルの現場から脱常識の社会の事始めを促す氏に、『ダディ』による単行本のスクープ・メディア化のケーススタディの発明を足場にインタビューした。

『ダディ』の初版五〇万部は失敗しようのない五〇万部だった。遅いメディアの単行本をスクープ・メディアにしたのも、三年目で文庫市場に入ったのも、常識なんてハナから頭になかったから。

五〇万部刷ったのは、そんなに迷いはなかったんですよ。郷ひろみという人はいわゆるアイドルのど真ん中、芸能界のど真ん中を二五年以上も歩いてきた人。僕はそういう芸能界の象徴みたいな人が、離婚を受け入れられなくて苦しんでる姿を目の当たりに見ていた。彼と知り合って一〇年目だった。僕は、その間一回も仕事を頼んでいないんです。今まで、尾崎豊にしろ、坂本龍一にしろ、松任谷由実にしろみんなそうだったけれど、彼らが一〇やってほしいことがあれば僕は一〇やってきたと思う。でも、どうしてもこれをやりたいという一の仕事のために僕は一〇をやってきたんです。これは僕が仕事を頼む時、誰《だれ》に対しても同じ。で、郷さんに対して、その一をいつ、どんな言葉で繰り出すかというのを絶えず窺《うかが》っていた。この一〇年の間に郷ひろみがやりたいという企画はあったはずなんです。でも、僕は知らんぷりをしてきた。で、一〇年経《た》って彼が離婚を受け入れられなくて苦しんでいるその時に、一を繰り出したんです。だから、僕にとってはたった一枚の切り札ですよ。それはやっぱり商売になるとは思いましたけれど、彼にとっても書くという過程は救いになったわけです。彼は離婚したくなかった。でも離婚という現実があって、その現実を客観視する必要があった。彼は書くことを選んで、それをしたんです。

僕は『ダディ』は決して際物《きわもの》だと思ってない。確かに、売れ方は際物ぽかった。あっという間に売れて、あっという間に引いていくっていう。でもあれは少なくとも、男と女が出会って恋をして、結婚して、家庭をつくりながらも別れていくという、どこの男女にもある普遍的なストーリーになっている。彼が書きながら折り合いをつけていく様は、生半可じゃなかった。作品の完成度は、それはつたないところもあって、?マークもある。それは認めます。「ここ、こう直したら?」ってずいぶん言いました。けれども、彼は頑として直さない。それも郷ひろみなんですね。だから彼の劣等感も、取り繕ってるものも、薄っぺらなところも分厚いところも全部出ている。僕は、読者にそこも伝えたいと思った。ゴーストライターではない、すべて郷ひろみが書いた。そういう意味では僕はあれは作品だと思っているんです。誰が何と言おうと。

やくざ的に言ってしまえば、これだけ苦しんで俺《おれ》にすべてをさらけ出して書いた、俺に委《ゆだ》ねた作品を、五万部や一〇万部で俺はごまかせないよという思いがあったんです。彼との心情的な約束というか、仁義ですね。もう一つは、郷ひろみと二谷友里恵は非常に国民的な、ある幸せの象徴のカップルと思われていたこと。彼らの結婚式の最高視聴率は今でも破られてないんです。そのカップルが離婚をする。ところが前触れがまったくなく、マスコミもいっさい気づいていない。これをもし単行本というローテクな遅いメディアが、速報性を売り物にするテレビや新聞や週刊誌を出し抜いてスクープしたら、やっぱり一〇万、二〇万のレベルじゃないだろうと、僕は思っていた。女性週刊誌的な売れ方をするだろう、少なくとも女性週刊誌の部数はいけるだろうと。それと、ワイドショーがどんなことがあっても取り上げて、朝昼晩これ一色になるだろうと。この三つを合わせていったら五〇万部、単行本で初版で一気に五〇万部って今までないんですけどね、けれど、いけると決意したわけ。だから言われる程、不安はなかったんです。出版界の常識では、初版は六千部から八千部なんです。そこで、五〇万というのは前代未聞だから、前代未聞の演出をしてやろうと、単行本をスクープ・メディアとして出したわけ。初版五〇万部はすごい、ということが独り歩きをしたらもっとおもしろくなるわけだから。それは幻冬舎文庫をつくる時もそうですよ。激戦の文庫市場に、創業三年目の新参者が後から入っていくんです。新しくやる者が、どう入っていけば勝てるか、負けないか。大手の出版社で文庫を出した最後は光文社で、六億円の規模で三一冊だったんです。うちは一二億円の規模で一挙に倍の六二冊を出した。「新しく出ていく者が無謀をやらなくて一体何が変わるだろうか?」っていう広告コピーを打ち出して。そのコピーは、当時の幻冬舎の状況にぴったり合ったものだけれども、それは自分に言い聞かせる面もあったし、演出効果を狙《ねら》う面もあった。で、実際にはあの六二冊は失敗しようのない六二冊だったんです。

『ダディ』も同じで、あの五〇万部というのは失敗しようのない五〇万部だったんですよ。三日後三〇万部増刷した時も迷わなかったし。くちさがない人たちは返本が多かったの何だのって言うけど、返本なんてほとんどなくて、百万ほとんど売り切ってるわけですよね。作戦どおりなんです。どういう波及効果を狙って、どういう宣伝を打って、どういう人たちを動員してその本を普及させていくかということに関しては、僕は自信はあるんですよ。『ダディ』はどうやって売る、『大河の一滴』ならどう、とか売る方法論は確実に自分の中にあるんです。

本が売れないことを、自分の責任において引き受けない。僕は、そんな出版人の「常識」の方こそ、実は「無謀」と思っている。

僕は、幻冬舎をつくってからずうっとそうだけど、例えば「夏目漱石なんて知らない」とかマスコミや社会へセンセーショナルなコピーで出ていっている。無謀を標榜《ひょうぼう》してるから。しかし、自分では実にまっとうにやっていると思っているんです。偉そうに言えば、人と人との関係において並大抵じゃない付き合い方をしているという自負があるからね。作家とか、書き手との関係性の密度が違うんですよ。表現というのは近代というものでは決して片づけられない。科学とか、医学とか、薬学とか、コンピュータとか、エレクトロニクスでは解決できないものがあるから、表現というのが存在しているわけです。だから、医者に行って注射一本打てば治る病気だったら医者に行けばいい。それじゃあ治癒できないものがあるから人は表現をする。僕らはそれに関《かか》わって、表現する主体に対して何らかの働きかけをするわけです。僕は、作家でも、ミュージシャンでも、無名の人でも、まずその人たちと同列に切り結ぶ。その人たちが無意識に隠し持っているもの、葛藤しているものを引き出し言語化させる。心に傷があればそこをえぐって、僕の場合は、塩を塗り込んででも書いてもらう。そこまでやって、書き手自身も気づかぬようなかたちで生きていたものが、初めておのれをあらわにしてくる。僕にとって、問題は肉薄度。精神や存在の深いところに肉薄しない限り、表現は生まれない。

この仕事をやる以上はそうしなければ何も生まれない。僕らは、人さまの精神を製品化するという非常にいかがわしいことをやってるわけです。石原慎太郎の『弟』にしたって、何の付き合いもなくて書いてくれって言ったって書かないですよ。僕が石原慎太郎を読み続けてきた歴史や蓄積があって、僕と彼との間に二〇何年のやりとりがある。その関係が土台にあって、「見城の言うことに関しては信用して書こう」というのが成立するわけです。作家は書くことによって、治癒されるか、救済されるか、解放されるか、なんです。また、そうしたものが出てない本は読み手の心を打たない。「こういうふうにしてこうしたから、あれは売れたんだ」と、後づけでいろんなことは言えるんです。でも結局は、その場その場の僕の生き方の言葉尻《ことばじり》が書き手に引っかかって、書き手もその時の生き方の言葉尻が出てきているわけで、それ以外に人の精神なんていう生き物を商品化していくなんてできないんです。だからね、書き手に死ぬ気でお願いするっていう以外には僕らの仕事は進行しない。僕が部下に言っているのはたった一つです。「おまえの人生の重さの中でものを言わない限りは、書き手に対して説得力がないし、書き手はおまえに何かをやってやろうとは思わないよ」と。だから、キッチリ自分の体重をかけろって。ノウハウなんかない。それは自問していないと出てこないですよ。自分をさらけ出さなければ出てこない。編集者が葛藤をむき出しにしないで、書き手におまえさんだけ裸になれ、と言ったって土台無理な話で。これは、人間関係の基本だと僕は思ってる。僕は一人の作家を落とす時には、体重かけて徹底的にやる。徹底的にその人の全著作物を読む。一週間かけて一〇枚ぐらいの依頼の手紙を書く。「これを読んで落ちなかったらおかしい」と自分に言い聞かせてね。

「文芸ものが売れない、本が売れない。活字離れが大きな原因だ」って出版界の中の人が言ってる。今の出版不況、それも厳しい経済環境のせいだ、って。で、今になって「編集者といえども読者や市場を考えざるを得なくなった、営業センスを持てるか否《いな》かが本当の勝負になってくる」と。これが出版界の通説になっている。僕は、何を血迷っているんだ、違う、と言っている。売れない原因は一にも二にも出版する側の責任だよ。書き手に対してキッチリ体重をかけていないから、読者をつかめる本をつくれない。僕は、立ち上げの際の新聞の全面広告にしろ、『ダディ』のスクープ・メディア化や初版五〇万部にしろ、幻冬舎文庫の一挙六二点にしろ、無謀をやり続けている。しかも、ミリオンセラーやベストセラーとして結果を出している。売れないのは状況のせいなんかじゃないんだよね。問題は、売れないことを状況のせいにしてしまう、その精神というか、発想ね。それを常識としてしまって自問自答しない編集者や出版人自身のていたらく、そこに原因があるんですよ。

編集者が営業センスを持つなんて、そんなのは当たり前のことであって。勝負というのは、そのわかり切った先で行われるものなんだよね。僕に言わせれば、自分の責任において事態を引き受けないことや、そういう自分を主張することこそ、実は無謀であって、事態の根拠を問わずに腑《ふ》に落ちたとしてしまうような、そんな無謀な常識に居住まいを正しちゃっていたら間に合わない。現実はそんな常識をとっくに凌駕しちゃっているんだから。僕も、幻冬舎も、無謀な常識をこわすには、それ以上の無謀をやらなければこわせないから、あえて無謀をやっているだけ、敵の武器を使っての闘い方だってありうるわけだからね。「新しく出ていく者が無謀をやらなくて一体何が変わるだろうか?」で言っている「無謀」は、単純に僕らサイドの無謀ではなくて、自分の責任として引き受けない無謀な常識のその無謀をこわす無謀をやらなくては、の意味なんですよ。僕は本質こそ常に新しい、と思っている。で、その本質というのは、自分の体重をかけたところからしか立ちあらわれてこない。本が売れないっていうだけの狭い話に限ったことじゃなくて、社会だってその姿勢と実践によってしか進まないし、新しく始まらないからね。僕はそう思って、やっている。

売れることと、キッチリ自分の体重をかけることとは矛盾しない。営業と編集は対立しない。

僕にとっては売れる本はいい本なんです。じゃあいい本ってそれだけなのか、と言われると、いい本にも幅があるんです。作者も編集者も決定的な仕事ができたっていうぐらいに自分たちだけで幻想を持てる本、これは売れなくてもしょうがないと思ってる。いちばんいいのは決定的な作品であって売れる本ね。このどれにも該当しないのはやったっていやですよ。適当にやって適当にできたものというのは、やっぱり適当な結果しか出ない。決定的に売れるか、決定的にいいものか、またその両方か。それが著者と僕にとっての決定的な作品で、僕はそれ以外のものはやる気がない。例えば『ふたり』の原稿は本当は一年前にできていて、出そうと思えば出せたんです。でも唐沢さんも満足してなかったし、うちも満足してなかった。トレンディ俳優だったから出せば一〇万部ぐらいいったんですよ。でも、仕事っていうのは関わった人の誰かが「ああ、やらなきゃよかった」って思ったら、次につながらない。次につながらない仕事はやっぱり失敗、いくら一〇万売れてもね。だから、当時は会社をつくったばかりで金がない時だったんだけれど、もうやせ我慢で結果を急がないということで延ばしたんですよ。結果的には山口智子との結婚にもタイミングが合って、ミリオンセラーになりましたけど。基本的にその場の百万円よりも三年後の一億円。平ったい言葉で言えば、とにかく結果を急がない。作家とものすごい密度で関係しながら、そこから出てきた結果を一回退いて考えるということができる限り、ビジネスは勝てると僕は思ってる。結局は売れなきゃダメなんだけど、売れるということとキッチリ体重をかけるということは、つまり営業と編集は矛盾なんかしてないんだよね。

書き手のやむにやまれぬ想いが、社会でいちばん問われているものが出るんですよ。社会の最も深部で動いているものと共振していれば共感を呼ぶ。そこには、社会でいちばん問われているものが出るんですよ。

一人の書き手の、どうしても小説を書き出さざるを得なかった動機には、あるやむにやまれぬ想いがあるんですね。それは、きわめて個人的なものであるはずですが、それが社会の最も深部で動いている何か危機感といったものと共振してしまうなら、その小説は普遍性を呼び寄せる、人の共感を培えるんです。で、多くの場合、共振は、負の心情とか暗い心とかの人間の原質に触れたものから生まれるわけです。僕は、そこに目がいく。同時に、そこを開くことに通暁している自負がある。今、うちで出版している『永遠の仔』ね。非常に売れています。児童精神科病棟で知り合った一人の少女と二人の少年を主人公にした、ミステリー仕立ての小説です。それぞれ家族から虐待を受け、心に深い傷を負った三人を通し、家族とは何か、人間や血の絆《きずな》とは何か、重いテーマを追っている。その『永遠の仔』で、作者はこうメッセージしているんです。「大丈夫、生きていていいんだよ」って。生きてることを肯定しようとしてもできない主人公たちに向けて、生の肯定をね。明日どこが与党になってどこが野党になるか、経済的にも株や土地や預金がどうなるか、わからない。これだけ価値が崩壊している時代の中で、人は刹那的《せつなてき》にならざるを得ない。そうした中で、もっともプリミティブな共同体のかたちの中に、いちばん問われるものが出てくるわけですよね。親子とか、兄弟とか、夫婦とか。頼れるものは血の絆だし、問われるものも血の絆。人間、血の絆で折り合いがつけられたら、かなり楽になれますよね。僕が、プロデュースしていく過程の中で、血の共同体を真正面に持ってきているのはそうした理由からなんですよ。『ふたり』は夫婦、『弟』は兄弟、『ダディ』は父と子、それに夫婦、『血と骨』は父親を中心にした家族。タイトルも、意識的につけているんです。僕は、誰に何をどう書いてもらうかというのを、眠っていても考えているみたいなところがあって、僕の照準の先には人間の混沌《こんとん》とか、つまり人間の非常に柔らかい部分がある。その照準が書き手の動機と合ったところで書き手も書く気になって、本として出ていく。で、社会の深部の柔らかい部分と共振する。幻冬舎の手掛ける本を「人間の存在理由に気づかせる本」と言った人がいるけど、言ってくれているなと思っている。極限のマイナス思考から始めようっていうメッセージを込めた『大河の一滴』も、すでに単行本で百万部超えているけど、最近文庫本で出して三日目に四〇万部、五日目で五〇万部、文庫でも百万はすぐですよ。幻冬舎の文芸空間ができるとしたら、人間の存在理由に気づかせる文芸ね、これが本質の一つになるかもしれない気がしているんです。

アウトロー文庫はね、民主主義について考えてつくった。「人間は、そのぐらいの幅だろう」と多様性を受け入れて関わっていくことからしか、僕らの商売は始まらない。

存在理由っていえば、どんな人間だってそれは持っている。で、存在そのものが世の中の規範や規制から外れてしまっている人間もいるわけだ。僕は、ものを書く人間は多かれ少なかれ規範から逸脱した衝動をかかえ込んだ、いわゆる外道だと思っているところがある。存在そのものが外れ者の人間を主人公にしたノンフィクションや物語を集めてアウトロー文庫をつくったのも、僕のその想いからなんですよ。アウトロー文庫創刊の時、僕が考えたのは民主主義についてなんです。民主主義だって規範の一つに過ぎない。けれど、それは人間の衝動や内部表出にフタをしている規範なんだ。民主主義は制度の恩恵を被《こうむ》る者にとってはいい制度、恩恵を被らない者には「クソにまみれろ」みたいなところがある。吉本隆明に『反祈禱歌《はんきとうか》』という詩があるんです。最後の三行は〈世界は祈禱をあげている／貧民は平和によつてあいされないが／平和をあいせよと〉というんだけど、この「世界」というのは「制度」と言い換えてもいいと思うんですね。この制度にとって都合が悪いものは三つあって、一つは戸籍に入らない人たち。それが、ギャンブラーとか博徒とかチンピラだとか、阿佐田哲也《あさだてつや》の『麻雀放浪記』に象徴される世界ね。二つめは大藪春彦《おおやぶはるひこ》作品に象徴される、無制限の暴力。あとの一つは、快楽の変態。例えば、団鬼六《だんおにろく》の世界。快楽に正常も異常もないんだけれど、とりあえずこれは正常でこれは異常っていうふうに区分けしないと、共同体の秩序を維持できないから分けるわけ。この三つを取りまとめてアウトロー文庫にした。それがうまくいってよかったたんだけど。人が生きていく限り個人と共同体の相反関係は変わらずある。その相反する欲望とか本能みたいなものを、生活していくためにどこかで隠さなければいけない。男しか愛せない男性もいるだろうし、人を殺すことでしか快楽を得られない人間もいる。犬とセックスしたい人だっているかもしれない。でもそれを現実の行為としてやってしまったら、犯罪になってしまう。表現として作品にすることによってかろうじてその人は救われるわけです。だから、アウトロー文庫というのは表現の本質そのものなんですね。

編集者というのは生き方が問われるんです。今までどうやって生きてきたか、掛け値なしに問われるんだよね。その存在感で、それこそいろいろな衝動や世界を持つ書き手と付き合うしかないわけだから。例えて言えば、ランボーね。ランボーという詩人はある時、詩を捨てて商人になるんだけれども、ランボーが詩を捨てたことを生理的に理解できなければ、ランボーという人間を理解したことにはならないんだね。詩を書くのも商売をするのも一人の人間の幅だからね。朝、人を殺したって、昼間溺《おぼ》れてる子を見たら飛び込むわけで、「人間ってそのぐらいの幅だろう」って、人間の多面性を受け入れることができなければ何も始まらないんですよね。すべては人間とどう関係するかというところからしか僕らの商売は始まってないんです。だって、読む側にいる人たちの多様さって、もう人知の外なわけだからね。

薄氷は自分で薄くして踏む。
僕はこれからも、もっとじたばたして「無謀な常識」をこわす無謀をやっていく。

人間て何かに狂ってきたか、狂ってこなかったか、というのが大きいと思うんです。自分への問いかけでは、僕の場合それがいちばん強い。僕らには戦争なんてなかったわけで、僕がくぐり抜けてきたいちばん大きいものというのは学生運動だった。奥平剛士は「俺は地獄へ行っても革命をやるんだ」って自分の足元に爆弾を投げて死んでいった。テルアビブの空港で銃を乱射して、市民を二四人も殺してね。最後に「もう思い残すことは何もない。たった一つあるとすれば、必ず武器を取って僕に続くであろう、この難民キャンプを走り廻《まわ》る美しい瞳《ひとみ》をした子供たちに、さよならも言えずに行くことだ」という言葉を残して自分を肉片と化していった。そこには共同体にとって都合のいい道徳的な善悪なんてないんです。僕はそういう行為ができなかった。観念というのは現実の試練に立たされない限り何の意味もないわけで、現実の踏絵を踏み抜くか踏み抜かないかというところで、すべての価値が問われると思うんですよ。僕は結局最後は踏み抜けなかったという劣等感が常にある。奥平の行為を前にしては言葉もない。その劣等感、「おまえは何をおめおめと生きているんだ」という劣等感ね。シモーヌ・ヴェイユみたいに「地球上の誰かが不幸である限り私は幸福になれない」なんて、そこまで言うつもりはなくて、その劣等感と折り合いをつけ切れずにいながら、この資本主義社会に生きている自分に浅いところで折り合いをつけている、自分の折り合いのつけ方に吐き気をもよおして生きている。そういう問いかけが僕の中に常にある。でも結局は、僕はぬくぬくとしか生きていないし、安全なところしか通っていない。本質的に危険なところへ行ってない。その補償行為としての、ゲームとしての僕の逆説的な在り様が、「顰蹙は金を出してでも買え！」とか、「薄氷は自分で薄くして踏め」とか、のアジテーションにつながっていく。それをやったからといって、自分の足下に爆弾を投げて死んでいった人に対して拮抗《きっこう》できるなんていうことは全然なくて、いわゆる僕のセンチメンタリズムの一つの発露でしかないんですね。だからね、ビジネスをやっていると言われると、実は僕はちょっと違うんだ、という想いがいつもしている。

「闘争宣言」なんて時代錯誤もはなはだしいわけで、かっこ悪いんだけど、僕はいわばすべてがつまんない自意識と自己嫌悪と、優越感と劣等感の「はざま」でしかものを考え切れないんですよ。別にあんなものを書かなくても出発できたと思うんです。その想いは僕のどこかでみっともない自意識につながっている。だから、あれはマスターベーションと言われたら、そう言えるかもしれない。しかしマスターベーションであるがゆえに、自分の精子というか、細胞というか、それが脈打ってるわけで。その脈打ってるものが、僕にあれを書かせた。それもまた、僕なんです。僕は幻冬舎をつくって、「俺はここにいるぞ」という点ではけっこう善戦していて、自分の責任ですべてを引き受けないで何が始められるか、って言ってやっている。でも、ものすごく正直に言うけれども、僕は売れるものなら何でもいいんですよ、という想いがある。だから「はざま」そのものなんだよ、僕そのものが。僕は未《いま》だにそらんじているんだけど、七〇年代に読んだ安部公房《あべこうぼう》の『終りし道の標《しる》べに』の中に「亡き友に。記念碑を建てよう。何度でも、繰り返し、故郷の友を殺しつづけるために……」というのがあって。「故郷の友」っていうその部分は、この商業主義の中で僕が封印し続けている学生運動の頃《ころ》の僕の中の柔らかい自意識、奥平につながっていく部分ね。僕は、これを封印し続けない限り、商業主義の中で脈打っていられない。そこが僕の原点。僕が今やってることは、それが逆説的に出ているだけ。だから、僕は、これからも、もっとじたばたして、無謀をやっていくだろうなって思っている。無謀な常識以上の無謀をね。何度でも、繰り返しね。こういう自分をさらけ出して、「誤解をも食ってやろう」って、その姿勢を貫いてね。

見城徹の編集作法

――対談年二〇〇三年

六人で立ち上げた会社がジャスダックに上場

小松成美（ノンフィクション作家。『中田英寿 鼓動』『イチロー・オン・イチロー』『さらば勘九郎《かんくろう》』など多数の著作がある）　幻冬舎は、今年（二〇〇三年）の一一月で創立一〇周年を迎えます。見城さんにとってこの一〇年は、長く膨大な日々だったのか、それとも圧縮されたように短い時間だったのか、どちらでしょう。

見城　実は、振り返ったことがないんです。振り返る余裕なんてなかった。もし、立ち止まってこの一〇年を振り返るとしたら、それはあっと言う間でしかなかったですよ。

小松　見城さんを含め六名でスタートした会社は、今は社員数四三名になり、そして今年一月三〇日には、ついにジャスダックへの上場も果たしましたね。

見城　幻冬舎を創《つく》った当初は、何度も「今期はうまくいったけど来期は駄目かも知れない」と思うことがあったからね。数ヵ月先の見当が付かなくてなかなか社員の数を増やすこともできなかったんです。もちろん、上場なんて頭になかった。上場する能力なんて自分にはないと思っていたから、リアリティなかったんですよ。ところが、三年半前ぐらいから（上場を）目指すことにしたから、ターボをかけることになってしまった。決意してからの時間はさらに凝縮されていました。

小松　見城さんが上場を決めたのはなぜですか。

見城　出版界というのは、先行する出版社に有利なように流通制度ができていて、僕ら新参出版社は、利益構造において、ものすごい差をつけられているんですよ。そういう中で戦っていくために〝上場〟は、ひとつの武器になるだろうと考えたからです。

　上場とはつまり、すべてを公開するということですよ。会社の経営をガラス張りにしてしまうわけです。出版社は物を作っているわけじゃない。書き手の才能に投資し、その才能が生み出した文章という無形のものを本という形にしてようやく売ることができるわけだから、「原料をいくら仕入れて製品を何個作った」というような計算はあり得ないんですよ。〝先行投資〟もあれば〝捨て金〟もある。そうでありながら、こんな新しい会社でも上場すれば、公明正大にディスクロージャーしなければならない。それは大変なことなんです。出版業界は、そういうことに最も不向きな業種のひとつなんだな。しかし、それでも次の戦いを勝ちぬくためには、リスクを負っても上場した方が良いだろうと判断したんですよ。「今期はベストセラーがないから仕事を縮小しよう」とか、

「大ヒットがあるから椀飯振舞《おうばんぶるまい》で行こう」とか、そんないい加減な経営では先細りになると思う。細かなことまで神経を配り、ダイナミズムを失わないためには、上場というガラス張りの部屋に入れられるべきだと考えたんです。

小松　具体的にはどのような武器になると?

見城　そもそも利益構造、流通制度が、後発の出版社には利益が少ないようにできているんだから、新しい出版社が育っていくのは難しい。先行する出版社中心に考えられているんですね。出版業界の利益構造において、後発の出版社は、最初からものすごく差をつけられている。会社が成長しようがないほど厳しい状況ですよ。

まず、基本的に、取次に口座をつくってもらえない。一〇社のうち一社でしょ、口座をつくってもらえるのは。この一社に入っても、今度は劣悪な条件を押しつけられるわけです。なおかつ、一回決まってしまった卸しの正味(注……本体価格に対する掛け率)は絶対変わらない。落とすことはできるけど、上げることはできない。

これはあくまでもたとえ話ですけど、たとえば歴史のある大手の出版社なら取次に千円の本を七二〇円で卸せるわけ。ところが、新参の出版社は六二〇円でしか卸せない。その時点ですでに百円の利益を吐き出していることになる。

小松　それは出版業界の慣例ですか?

見城　慣例です。ただ、どうしてそうした慣例が成り立っているかと言えば、これまで出版社が儲《もう》かりすぎだという考え方もあるわけですよ。この失われた一〇年間は、出版界にとっては苦難の一〇年だったけど、五〇年の単位でいえば、その前の四〇年はウソみたいに儲かっていた四〇年じゃないか、と。結局、取次と書店は、本当に薄利に苦しんでいたのに、大儲けをしてきた出版社を黙ってやり過ごしてきた。そこで、新規参入の出版社からはちゃんと利益を取ろうということです。

最近になって出版社の正味引き下げ運動ということも起こっていて、それに応じる出版社もあると聞いています。まあ講談社などは、寛容に対応しているそうだけど、それもごく一部でしょう。実際、歴史の長い出版社の既得権益なのだから、その数字が急に変わることはない。その分、新しい出版社には、低いパーセンテージが要求される。それはすごく辛《つら》いことだよね。

小松 上場は、そうした既得権益に対抗するためでもあるわけですね。

見城 僕はそう判断したんです。それに自分の経営にマーケットがどんな価値をつけるのか、見てみたいという思いもあった。太刀打ちできる力、つまりマーケットから資金を集めれば、さらに新たなアイデアをビジネスに結びつけることができるでしょう。これはまだ話せないんですが、具体的なプランも沢山あるんですよ。

小松 それはまた楽しみですね。

見城 そうなるといいんだけど。ところで、僕が九三年に辞めた角川書店も先に上場してるんだけど、自分が同じ経験をして改めて、たいしたものだなあと思います。フジテレビも電通も、企業としての凄《すご》さを実感しています。
小松　バブル期ならいざ知らず、戦後最低とまで言われている経済の現状を見れば、やはり幻冬舎の上場は〝勇気ある英断〟ですよ。
見城　確かに上場のマーケットは最低の状態でしたよ。いくつもの会社が新規上場を回避していく中、うちだけが出ていったようなものだから、物凄いプレッシャーはあった。ここ数年は、その重圧を忘れることはなかったから、なおさらあっという間に過ぎてしまった。つい昨日のことのように思い出しますよ、四谷の雑居ビルの一室で会社をスタートさせた日のことを。あの日、大雨が降っていたんだ。
小松　見城さんは四二歳でした。
見城　まだ机も椅子《いす》も何もない、荷物も届いてない、雑居ビルの一室に六人がいるだけで。高校時代、僕、ラグビーをちょっとやっていたんですよ。それで角川を辞めた時〝励ます会〟を開いてくれた重松清たちがラグビーボールをプレゼントしてくれた。そのラグビーボールを真ん中に置いて、六人が車座になってね。いつしかそれをこうやって（ラグビーのパスの仕草をして）となりの奴《やつ》にスルーしたんだ。六人とも黙ってパスを回し続けたんですよ。
小松　まるで、ゲームの始まる前にロッカールームで行われる出陣の〝儀式〟のようですね。

見城　これから俺たち、いったいどうなっていくんだろう。そんな不安に苛《さいな》まれながら、小舟に乗り込む気分だった。目の前に広がる海は時化《しけ》て、一面の霧の中を行くという感じだった。まるでランボーの『地獄の季節』の一節だったな。

「俺たちの舟は、動かぬ霧の中を、纜《ともづな》を解いて、悲惨の港を目指し、……」

今でもこの詩を思い浮かべると当時の光景が蘇《よみがえ》って胸がキューンとなるんだ（笑）。〝悲惨の港〟というのは、その頃の僕たちにとっては文芸という世界のこと。「栄光の港を目指したんじゃ面白くない。文学という、悲惨の港を目指すんだ」という思いで、あの大雨の中、床に座ったままラグビーボールを回してました。

小松　（棚に鎮座するラグビーボールを指さし）あ、アレですか？

見城　そう。あの白いボールです。

小松　そのスタートが幻冬舎の原点であるわけですね。

見城　そうですね。そこがあるから、今も無謀だと言われる挑戦を続けられるんですよ。始めた時には、資本金一千万円ですよ。それがおよそ九年経って時価総額三百億円になっているわけだから。確かに〝資本主義〟を実感することにもなっています。じゃあいったい何が一千万を三百億にしたのかというと、僕らが出版という仕事で流した血と涙と汗。それと才能ある〝書き手〟との出会い。それだけですからね。経済の魔術だと思うよ。運が良かったとしか言いようがない。でも、その一方で、誰にも想像ができないほどの圧倒的な努力をしたという自負は、あるんだ。

小松　六人で会社を立ち上げたときには、今のご自分を想像することはできなかったんですか。

見城　そりゃあ、まったくないよ。だって、百人が百人「失敗するから止《や》めろ」って言ったんだから。みんな本気で笑ってましたよ。今思えばとてもいい思い出なんだけど、現在はエッセイストになられた寺田博《てらだひろし》さんという文芸編集者の大先輩から、幻冬舎をスタートさせる時挨拶《あいさつ》に行ってこう言われたもの。「百人が百人、君が失敗することを望んでいるんだから、そのことだけは覚えておけよ」と。寺田さんは河出書房で『文藝』の編集長を務めた後、自分で「作品社」という出版社を興して、そこがうまくいかなくて、福武書店（現在のベネッセコーポレーション）に移り『海燕《かいえん》』という文芸誌の編集長になられた方なんだけど、数々の名作を生み出してきた大先輩にそう言われたのだから、いろいろ言われることを覚悟していたとは言え、やっぱり胸にドスンと来たよね。

角川を辞めようと思ったことは二度あった

小松　そんなアゲインストのなかで、どうして見城さんは角川という砦《とりで》から「跳ぶ」ことができたんですか。

見城　それしかなかったから。

小松　他に進む道はなかった？

見城　ない。当時、出版業界ではここに同席している〝文春の花田紀凱《はなだかずよし》〟と同じくらいに〝角川の見城徹〟と言えば、一応名前は通っていたと思う（笑）。あのまま角川に残って行く道もあったかもしれないけれど、僕にはそれはできなかった。

小松　角川を退社した理由のひとつは、当時の角川春樹社長のコカイン密輸疑惑事件の際、取締役だった見城さんが辞任要求に賛成したことだったそうですね。

見城　九三年のあの疑惑事件が転機になっていることは確かですよ。僕が四一歳で取締役になれたのは、自分が仕事を積み重ねてきたからだという気持ちもあるけれど、春樹さんの引き立てがあったからこそとも思ってる。それが、逮捕直前、取締役会全員一致で春樹さんに辞任要求することになった。僕も迷うことなく賛成した。春樹さんの下で編集者として好きなことをさせてもらったと思っていたし、春樹さんと自分とで角川を作ってきたという自負もあったから、残るという選択肢はなかったですね。春樹さんに辞任要求をするなら、僕も辞めなければ筋が通らないでしょう。辞任要求をすると同時に自分の辞表を出しました。

小松　あの事件がなかったら今でも角川に？

見城　それはない。実際はきっかけでしかなかったんですよ。四二歳で辞めるずっと前から「角川を離れよう、離れなければ自分が駄目になってしまう」という思いがあったからね。

　人間は、年を取ったり社会的な地位や評判が上がってくると、なかなか自分をゼロに戻すことができなくなる。現状維持がいちばんラクだからね。自分をゼロに戻すのは極めて難しい。僕自身、そうした危機感をずいぶん前から覚えるようになっていたんですよ。このままではいい仕事はできなくなる。売れる本を量産し、直木賞作品を五つ生み出した自分は、その名声に少なからず酔っていた。〝角川の見城〟というブランドに寄って来る人間に笑顔を見せている。

　その時、自分が腐っていることをいつも感じていた。吐き気すら催すほどに、「このままじゃ駄目だ。自分をゼロにして、また新しい一歩を踏み出さなければ」と、心の中で叫んでいた。それで、辞めるしかないと思うわけですよ。とにかく角川というブランドを捨てないとダメだ、と心に決めたわけです。実は、角川時代に二回辞めようとしているんですよ。

小松　角川春樹社長に辞表を出した？

見城　いや、辞表を書いて持って行くんだけど、結局、春樹さんの顔を見ると、内ポケットに入っている封筒が出せないんですよ。「なんだよ、まあ座れよ」と言われ、そのまま仕事の会話や世間話が始まってしまうと「辞表を受け取って下さい」と言えなくなってしまう。そのまま辞表を持って自分の席に戻るということが、二度ありました。

小松　いくつのときですか？

見城　一回目は三三歳。辞めようとしていることを見透かされたように内示が出て、翌年、三四歳で『月刊カドカワ』の編集長になるんですよ。もう一回は四一歳のとき。今度こそ本当に辞めるつもりで社長室に入り、辞表を出そうと思ったその瞬間「今度、おまえを取締役にする」と言われた。それでまた、辞表が出せなかった。でも、優柔不断な自分に対して限界がきていた。あの事件がなくても辞めていたでしょう。

小松　出世も退社の歯止めにならないなんて、サラリーマンの発想ではあり得ないですね。

見城　僕はとにかく臆病《おくびょう》で、気が小さい人間だから、どんな時もいろんな恐怖心や強迫観念にかられてしまう。後ろ髪引かれながらふらつくこともある。でも、かろうじて「今の自分を変えよう」という願望が僕を支えてきたんですよ。出版というクリエイティブな仕事をしていくのには、悪くはない性格だとは思いますけどね。

小松　ご自身を臆病で慎重で怖がりと分析なさいますが、自らが社長になり会社を経営することは、さらなる苦難や恐怖とも対峙《たいじ》しなければならなかったでしょう。「臆病」の対極にある「勇気や行動力」を、どう分析しますか。

見城　人は皆、両極を持っていると思うんです。悪魔のように繊細で天使のようにしたたかに。これ、ふつうは逆、天使のように繊細で悪魔のようにしたたかにと言うんだけど、僕は、悪魔のように繊細で天使のようにしたたかにありたいと思う。悪魔と天使が一つの心に巣食い、引き裂かれるような痛みを感じなければ作家に共感することもできないでしょうし、この世の中の光と影のグラデーションを感じ分けることもできない。

静寂の先には爆発的な怒りのエネルギーがあるし、臆病な心の対極には信じられないほど大胆な行動力もある。自分で言うのも変だけど、僕はその振幅がすごく大きいんだな。

小松　感情の振り子の振れが大きければ大きいほど、エネルギーも大きくなりますね。

見城　両極端まで振り切れないと、何も動かないということですよ。心の動きによって風が吹き、熱が生まれるんだから。たとえば、セクシーさって、そういうことだと思うんですよ。その人がセクシーだな、この人素敵だな、と感じさせるのは、その人の心がどれぐらい運動しているかに比例すると思う。心が運動することによって生まれる風や熱があるから、引き寄せられてしまうと思うんですよ。

だから心が動いてない人は、外見がどんなに美しくても、セクシーじゃないと思うんだ。若い頃は、ただ容姿が綺麗《きれい》な人を美しいと騒いだこともあったけど、今はぜんぜん違う。

小松　見城さんは角川というブランドの象徴でもあったけれど、実はそのブランドから最も離れた所に立っていた方でもあったんですね。

見城 僕が入社した時は角川はブランドでも何でもなかった。文春や新潮、講談社とは仕事をするけど角川とはちょっと、という書き手がほとんどでした。僕はそういう書き手とだけ仕事をしようと思ったんです。角川というブランドが通用しない人と切り結んで、結果を出してナンボだと思ってやってきた。角川とならやります、っていう人と仕事したって達成感なんか何もないからね。だから、角川の見城徹ではあったのだけれど、個体の見城徹として作家やアーティストと向き合い、仕事をしてきたという奇妙な自信はあった。

小松 その自信は幻冬舎の経営者となっても失われない。

見城 だから、まったく新しい幻冬舎という出版社を作ったときにも、凄い恐怖心と同時に、これまで通り見城徹が圧倒的な努力をすれば大丈夫だという、奇妙な自信があったのも事実だよね。もちろん、新規の出版社がそれまでの常識を度外視したことをやっていくわけだから、実際は、五〇メートルぐらい先の、真っ暗やみの中にある針の穴に糸を通すようなことを繰り返してきたんですよ。圧倒的な努力と、これ以上ない周りの人間に恵まれたということと、そしてやっぱり幸運に助けられたのだと思う。

小松 そんな見城さんの心理を知る方は少ないでしょうね。

見城 外部の人には分かるはずもないけど。僕が角川を辞めると言ったとき、二〇数人の部下が「一緒に辞めます」と言ってくれたんです。でも、いくつか出資の申し込みはあったものの自分が経営できる範疇《はんちゅう》でスタートせざるを得なかったので六人が限度だったんですよ。四回の会合を経るうち、ローンがあるからと一人抜け、子供が生まれるからと二人抜け……、また逆にこちらから断る人がいたり、いろいろなドラマがありましたよ。

ただ、一緒に始めたのが小玉圭太、石原正康、舘野晴彦、米原一穂、斎藤順一という五人だったことが、僕の勇気のすべてだった。僕は「生涯こいつらと一緒にやっていく」と思ったし、他に代わりようのない五人だった。「このメンバーとやるのなら失敗しても後悔はしない」という覚悟ができていた。奴らとならラーメン屋をやってもいいし、引っ越し屋をやってもいい。そう思えるチームに支えられていたから、だからできたんです。でもね、今、同じことをもう一回やってみろと言われても、たぶんここまでのことはできないと思うな。いや絶対できない。断言できる（笑）。

劣等感の塊だった少年時代

小松　およそ一〇年前、小さな舟に乗り、霧の中を命がけの航海に出た繊細で大胆な見城さんのルーツはどこにあるのでしょう。見城さんは静岡県清水市のお生まれですが、どんな少年時代を過ごされましたか。

見城　常に劣等感に縛られている子供だったんですよ。正直言って、自分の顔は世界一醜いと思ってた。体も物凄く細くて小さかったしね。中学二年ぐらいまで前から二～三番目。体も華奢《きゃしゃ》で暗かったし、クラスではいじめられっ子だった。

オーバーに言ってるんじゃないですよ。屈辱にまみれない日はなかったほどだから。小学校五～六年のときにあだ名をつけられたんだけど、それが〝ベランダエッチ〟。エッチという言葉は、ちょうどその頃から使われはじめたんだけど、少年にとってはこれ以上ない屈辱的な言葉でしょう。なんでベランダかっていうと、くだらないんだけど、女子生徒とすれ違いざまに、僕の手の甲が彼女のスカートにひっかかった。それで、ベランとめくれた。だからベランダエッチ。

小松　子供ってそういうことに凄い感性を発揮しますよね。

見城　そうなんだ。それに手加減がないから、ターゲットにされた子供は集中砲火を浴びることになる。僕もそれを跳ね返す強さがどこにもなかった。成績も最低で、小学校五～六年のときは五段階評価で二ばっかりだよ。自分の気持ちを表現するどころか、自意識が過剰で、廊下にへばりついているみんなが自分を笑っているような気がして、休み時間にトイレに行くことすら我慢するような子供だった。

中学に入って少しは持ち直したけど、今度は〝タコ〟というあだ名に苦しめられる。生物の授業で軟体動物の章に入ると、みんながタコだのイカだの、僕のことを囃《はや》し立てるわけ。それは、とてつもなく深い傷となって心を抉《えぐ》られるんです。その傷は治癒することがないんですよ。僕は今でもタコとイカって見るだけでも嫌だよ。寿司屋《すしや》に行ってもイタリアンに行っても、タコとイカは決して食べられない。

小松　そんなに大きな劣等感を持つというのは、どこか早熟で、内省的な世界を持った少年だったのでは。

見城　友達との関係すら上手《うま》く築けないのに、女の子を好きになっちゃったりもするんです。僕のような男を相手にしてくれるわけがないと悶々《もんもん》としながらも、彼女の一挙手一投足を見ては、今、彼女はきっとこう思ってるにちがいないと想像力を逞《たくま》しくしている。

人は結局、自分の持っている感情でしか人を推し量れない。自分の負の感情から人を理解するから、僕はどんどん人の負の心理に通暁してくる。そういう意味ではとても早熟だったよね。だって、「こういう言葉を吐けばこんなふうに傷付く」とか「こういう態度で接すればこんなふうに喜ぶだろう」とか、大体、相手の心を推察できるようになるんだから。負の精神でいえば精神年齢はきっと、回りの子供よりもかなり高かっただろうね。

小松　本来屈託のないはずの頃からずいぶんと文学的な思考回路を持っていたんですね。

見城　子供の頃から「負の感情」の引き出しが百ぐらいもあって、暗黒の心理に通暁しているわけですよ。マイナスの思考しかできない、いわばイヤな奴だよね。魂の臨界点というか、何かきっかけがあれば、その瞬間にパーンと爆発するところまで、暗くため込んでしまうんだから。振幅が大きくなる基礎要素を胚胎《はいたい》していた、そういう少年時代だったと思います。

小松　高校は清水南高に。

見城　当時、学年で一～二番のやつは越境してシズ高（静岡高校）、三～四〇番ぐらいまでが清水東に行く。大学は行きたいけど勉強はたいしたことないのが、清水南に行ったんです。今は違うらしいけど、当時はそうだった。僕は中学まで勉強にはついに没頭できずシズ高や清水東には行けなかった。ところが結果的には清水南に行ってよかったんだ。山と海に囲まれた青春ドラマの舞台になりそうな環境の中で陰鬱《いんうつ》として硬くなっていた心がパーンと弾《はじ》けて、まるで別人のようになっていくんだ。振り子が反対側に振り切れて行ったわけ。

小松　現在の見城さんのパーソナリティが成長を始めた時代ですね。

見城　それまでピエロになるか、他人の顔色を窺うことに終始していた少年が、先生や学校といった体制に知識や理屈を武器に反抗的な態度を取る。不良ではないんだけど、一気に学内のリーダー格に上り詰めていくんです。

小松　成績も一年から三年までずっと学年トップクラスだったとか。

見城　そう言えば、一〇番以内じゃなかったことはあんまりなかったなぁ。一番も多かった。

小松　弾けましたね、いきなり。

見城　小学校六年間と中学三年間、合わせて九年間抑圧された反動が起こった。もう一方で、劣等感もどっぷりと張りついているわけだから、そのスウィングの幅が尋常じゃない。毎日が自分の中ではドラマチックになっていく。そうなると今度は、清水南で一番美しい、皆の憧《あこが》れの女生徒が僕の恋人になれば、さらに僕を認めさせることになるだろうと、考える。つまらない自意識だよね。結局、卒業式の日にそれは実現する。意地汚い動機だったけど、彼女は僕にとって初めての他者になった。四年間付き合いました。

小松　ラグビーに出会ったのも高校時代ですね。

見城　高校の校技がラグビーだったんです。ラグビーをやる機会がすごく多かった。足は遅いし、運動神経は鈍かったけど、肉体と肉体がぶつかり合うラグビーに憧れた。胸が厚くて肩幅が広い、そういう男になりたかった。今の僕がある程度の上半身になれたのは、高校時代のラグビーとの出会いが大きいですね。一発のタックルで相手を仕留める体をつくりたいと、思い始めた。おやじもおふくろも大きくないんですが、僕は努力で自分の体格の限界を覆したかった。大学を出て社会人になってもその願いは消えることなく、ジムで猛烈な筋トレをしたんですよ。胸囲が一メートルを超えたからね。

小松　高校に入って青春を謳歌《おうか》する以前、負のエネルギーを全身にため込むような男の子だった見城さんは、「文学」の世界とはどうかかわっていたのでしょう。世界少年少女文学全集をはじめ、大人が読むような小説までむさぼり読む子供だったそうですね。

見城　中学まではいじめられっ子だったから、自分を救ってくれるのは、本しかなかった。本の世界にいるときだけ僕の魂は救済され、解放されていた。本を読むことで癒《いや》されなければ、死を考えていたでしょう。本がなくては絶対に生きていられなかった。

小松　読者から、書き手になろうと思ったことはなかったですか。

見城　正直に言えば、あります。大学時代に少しだけ小説を書いていました。五木寛之、石原慎太郎、大江健三郎《おおえけんざぶろう》はすべて読んでいました。それと入れ込んだのは高橋和巳《たかはしかずみ》と吉本隆明の二人かな。時間があったんだろうけど、そのうちに「書いてみよう」と、原稿用紙に向かったんです。自分としては、自信のある作品もいくつかあったんだけど、今はもう残ってないですね。

廣済堂時代、高橋三千綱との出会い

小松　慶應大学では法学部に在籍なさっていましたが、法曹界に入ろうとは思わなかったのですか。

見城　それはもうぜんぜん。国家試験を受けるも何も、そのための勉強をしてないもの。

小松　そして、卒業後に出版社へ。

見城　大学卒業後は大手出版社の入社試験に落ちて、そこしか受からなかった廣済堂出版に入るんです。実用書、ハウッウ本を出してる出版社なんですが、そこは一年半ぐらいで辞めちゃった。それから角川書店に入るまで半年ぐらいあるんですよ。

小松　廣済堂出版では七四年に『公文式算数の秘密』というベストセラーを出されました。

見城　入社して、自分の企画で初めて出した本です。二四歳のときだった。新宿御苑の近くを歩いていたら白鳥ビルという雑居ビルがあって、そこに「公文式算数研究会」と書いてある。〝コウブン〟ってなんだ?　と思って通りすぎるんですけど、ある日、新聞に小さく「公文式算数教室指導者募集」と出ていて、その仕組みまで書いてあった。〝くもん〟と読むことや、先生が自分で場所を確保して生徒を集め教えること、独自のノウハウを本部が各先生に提供することなどを知ったので、すぐに会いに行って、直接、公文のノウハウの詳細を教えてもらった。

会員数が五万人いると聞き、「これは商売になる」と思ったんです。三万人ぐらいが買ってくれるなら十分に利益が出る。だから初版は三万部だった。公文の指導主任と僕が一緒になって書いたその本は、結局、三八万部ぐらいのベストセラーになったんですよ。

それから、その前後に『10万円独立商法』という本も作りました。著者は財団法人職業技能振興会の理事長で「10万円で資格を取って独立しよう」というビジネス・ハウツウ本。

ある日、この本を取り上げたいと、東京スポーツから電話がかかってきた。それで取材に来たのが、高橋三千綱ですよ。当時、彼は東京スポーツの記者だった。紫色の背広を着て、にやけたジュリーみたいな兄ちゃんが、「ウッハ！」とか言って突然現れた。

小松　パープルの上着ですか（笑）。

見城　東京スポーツの社長から三千綱が「いいですね、それ」と言ってもらっちゃった背広らしいよ。取材が済むと本当に新聞の全面を使って取り上げてくれたんです。そうしたら、彼が「これだけ大きく取り上げたんだから、東京スポーツの記者を接待すると言って、著者から金一封もらえよ」と言うんですよ。パブリシティとかいうイメージはまったくなかった時代ですが、著者もすごく喜んで五万円だか三万円だかくれたんだよ。それで三千綱とメシを食いに行って、飲みに行って、仲良くなった。

小松　高橋さんが小説家としてデビューする前の話ですね。

見城　そう。それでしばらく経ったある日、朝日新聞の文芸時評を読んでいると、「群像新人文学賞を取った高橋三千綱の『退屈しのぎ』は……」、と書いてあるんですよ。写真を見るとどう見てもあいつじゃないですか。「高橋さん、群像新人文学賞をお取りになった高橋三千綱って、高橋さんのことですよね？」と電話をかけると、「そうだよ」と。「じゃあもう一回、僕にお祝いさせて下さい」と、また飲みに行きました。後日、『退屈しのぎ』を読んだら面白かったので、また会って。

小松　担当編集者になった。

見城　そうだね。そのうち三千綱が「変なやつがもう一人いるけど会うか？」と言って、連れて来たのが中上健次。僕が二四歳で中上さんが二八歳だった。しょっちゅう三人で飲んでると、そこへ立松和平が加わるようになった。ほとんど毎晩、毎晩はオーバーか（笑）、一日置きくらいのペースで三人の誰かと飲んでました。文学論や何やら朝まで語り明かす。

小松　同世代の作家と一緒に語り合って、「また書きたい」と思うことはなかったですか。

見城　なかったな。彼らと会うごとに、彼らの作品を読むごとに、分かってきてしまうんですよ。彼らの書くものには、書かなければ救われない〝何か〟がある。上手くても下手でも、強い祈りが込められ、膿《う》んだ傷の感触がある。癒すことのできない痛みがあるから、表現をする。僕にはそれがなかった。だったら僕は、書くことより、ほとんど無名のこいつらをプロデュースしたほうが面白い。そう思ったんです。

小松　その決断は瞬間的に？

見城　もう、すぐに。彼らの変人さ加減というのは、救いようのない何かを抱えていたり、欠落してたり過剰だったりして、それにはもう、僕などまったくかなわないわけですよ。会うたびにそう思いましたよ。作家は、自分の内部から滲《にじ》み出る、やむにやまれぬ気持ちを作品化している。そんな人たちの異常さは僕にはまるでないですね。いびつでも、下手くそでもいいから、自分のオリジナルな世界をつくれる人、自分の宇宙をつくれる人は本物ですよ。無から有をつくり上げる作家と違い、僕のように何もつくれない人は偽物なんです。僕は偽物だ。だけど、偽物には偽物の栄光もある。それは、本物たちをプロデュースするという行為。表現者たちにいろいろな働きかけをするわけです。作家が苦しんで搾り出す作品に対して刺激を与え、限りなく続く暴走のための補助線を引いてやる。偽物の僕にも、本物のプロデュースならやり遂げることができる。僕はそう決めて、角川書店に入ったんです。

坂本龍一と共にアカデミー賞授賞式に

小松　角川書店の一員になられるきっかけは？

見城　アルバイトの話が舞い込んできてね。角川書店の野性号事務局に入るんですよ。『魏志倭人伝』にのっとって古代船で朝鮮海峡を渡って行くという企画の事務局でした。ところが、事務局長というのがずるい人というか、ちょっといい加減な人だったから、アルバイトの僕がいきなり、不眠不休で何もかもをやらなければならなくなったんです。
小松　そこでまた〝圧倒的努力〟をなさった。
見城　うん。そうした努力は必ず伝わるんですよ。総務部長が、「見城はなかなか頑張っている」と言って、僕を正社員にすることを決めてくれたんですよ。でも、実は春樹さんが、古代船「野性号」に乗って海の上なわけだから、電話も通じなくて未承認だった。「後でOKを出してくれるだろう」と辞令を出してくれるんです。それで僕は、社員になれた。
小松　そして『野性時代』の編集部へ。
見城　ようやく戻ってきた春樹さんに「どの部署に行きたいか」と聞かれ、『野性時代』に入りたいと答えたら、すんなり入れてくれたんです。『野性時代』が、創刊されてまだ七号目ぐらいのときのことですよ。
小松　どんな作家や作品を担当したのですか？
見城　それが、最初が森村誠一さんの『人間の証明』なんですよ。『公文式算数の秘密』にしろ『人間の証明』にしろ、後の僕の運命を象徴しているような作品だという気がしますね。『人間の証明』は、総計四百万部以上売れたんです。角川映画やテレビのコマーシャルなどメディアミックスの効果もあり、文庫本や光文社からノベルズで再版された本も含めて四百万部。ミリオンセラーの途轍《とてつ》もない影響力を、このとき知ったわけです。

小松　『蒲田《かまた》行進曲』で直木賞を受賞したつかこうへいさんとの出会いは、編集者としてではなかったそうですね。

見城　最初につかこうへいの芝居を観《み》たんですよ。早稲田《わせだ》の喫茶店で小さな舞台を作って演《や》ってたような時代。「何だ、これが演劇!? 面白い!」とショックを受けて、当時、つかさんが住んでた沼袋《ぬまぶくろ》のアパートに会いにいきました。

こんな話、今ではあり得ないと思うけど、僕は会社に「一五年間、角川書店でしか本を出さない」という契約書を作ってもらって、それにつかさんにサインさせたんですよ。この先どうなるのか、全然分かりもしないのに一五年契約を結んじゃった。だけど、僕にも彼の一五年間の責任があるわけじゃない? とにかく、つかさんが角川書店に命を預けたことを、なんとか喜んでもらわなきゃいけないと思って必死でしたよ。だから、八一年に『蒲田行進曲』で直木賞を取ったときは、素直に涙が止まりませんでした。

小松　見城さんが生み出した伝説の中でも、この話は際立っていませんか。

見城　サインさせるほうもさせるほうだけど、するほうもするほうだよね。あの日から一五年間、彼は本当に角川書店以外から本を出しませんでしたから。今になって考えてみると、面白いものに忠実に動く。それこそが、僕の信条であり、行動のパターン。僕が「面白かったし、感動したし、びっくりしたんだから、世の中の人も共感してくれるに違いない」って思うんだよね。

小松　村上龍さんには、『限りなく透明に近いブルー』を読まずに会いに行ったそうですね。

見城　そうなんですよ。だって作品が載っている『群像』という文芸誌がまだ発売されていなかった。作品を読んだり、テレビや芝居を観たり、アルバムを聴いてから、その人に会いにいくパターンと、一種の勘みたいなもので、この人間は間違いなく黄金の鉱脈を持っているから今すぐに会いに行こうとひらめく場合と、両方あるんだけど、龍は後者だったんだよ。『限りなく透明に近いブルー』が七六年に群像新人文学賞を受賞して、二四歳の受賞者ということで、それがニュースになって朝日新聞に写真が小さく載ってたんだけれど、その写真がイイ顔してるなと思ったの。それとタイトルに才能を感じた。雑誌が発売されるまで待って会うのは遅過ぎる予感がした。ここは勝負だと思ったのね。直接会ったら、鳥のような繊細な目をした、清潔な生理を持った男だった。でも、結局「アナタ作品を読んでもないのに」なんて言われて、今でも言われ続けてるんですけどね。もちろん、直感どおり龍とはデビュー作のあとから現在まで仕事をすることになるんだけどね。

小松　高橋三千綱、中上健次、立松和平、つかこうへい、村上龍、三田誠広、宮本輝、どうして見城さんの周囲にこうした才能が現れたのだろう。きっと、見城さんの興味ある対象への一念でしょうね。岩をも通すような。

見城　編集者には、同世代の作家群に恵まれた人と恵まれない人がいると思うんです。どんなに編集者としての才能があっても、惜しみない努力をしても、同時代の作家たちに出会えなければ、光を放つことができない。僕は、出会いに恵まれたわけですよ。中上健次、三千綱や立松和平、つかこうへいと出会った直後、すぐに村上龍が出てきて、三田誠広が続いて、宮本輝が現れる。

小松　作家という花びらの中心に見城さんがいるわけですよね。それも一枚や二枚の花びらではない。時間やエネルギーの消費も膨大だと思いますが。

見城　もちろん、プライベートな時間などなくなるけど、そんなことが些細《ささい》なことに思えるくらい、彼らと会って話をして、作品の構想を練ることの方が何十倍も楽しいからね。〝経費〟を使えるのも僕だけだったから、食えない連中が毎日、集まるんですよ。メシを食わせてやって酒を飲ませて、深夜にはタクシーチケットを渡してやる。才能への投資ですよね。それが、編集者としての役割の根本でもあるんですよ。角川という看板は利用したつもりはないけれど、僕が作家たちとの関係を築くために必要だった金は角川が提供してくれたわけだ。今の自分は経営者でもあるけれど、未来の仕事のためなら、編集者は会社をそうやって利用することが必要なんですよ。

つかさんの劇団の若い役者だった三浦洋一や平田満や風間杜夫も、週に一度は「お前たち、体を使ってるんだから、美味《うま》い物でも食えよ」と言って一緒にメシに行く。そうやって親しく付き合ううちに、彼らがきっかけとなって、僕の芸能界への足場もできていった。風間が映画『蒲田行進曲』で一気にブレイクしたときには、二〇数社の出版社から本の依頼が来たんですよ。でも彼は、「見城さんにあれだけ世話になったんだから、角川で出す」と言って、『本当のことを言おうか』というエッセイを出版したんです。八四年に出版しましたが、一五万部ぐらい売れましたよ。

小松　興味の対象である誰かに、何時《いつ》、どこで出会うのか。見城さんはそのために戦略を立てているのですか、それともやはり運命のごとく出会うのでしょうか。

見城　この人と会いたい、仕事がしたいと思っていると、自分で努力ももちろんするのだけれど、必ずどこかで巡り会うことができるから、面白いと思っている。坂本龍一と会ったときもそうだった。ＹＭＯで名を馳《は》せていた彼は、当然、各メディアでも華やかに活動していた。まったく繋《つな》がりのない角川から仕事の依頼など舞い込んでも、それを受ける物理的な時間がない。ところが、彼の活躍をじっと見ることしかできないとき、街で偶然会うことになった。

小松　約束もないままに。

見城　そう、行きずりに。僕が坂本龍一と出会ったのは、神宮前の今はもう伝説になったバー・ラジオで、友人だった関根恵子（現・高橋恵子）と酒を飲んでたとき。坂本がモデルの女性を四人ぐらい連れて、首にポラロイドカメラを提げ、店に入ってくるなり、関根恵子と僕を見つけ、「やあ、そこのお二人さん」と声をかけながらポラロイドで写真を二枚撮って一枚ずつ渡してくれた。そこで、挨拶を交わして親交が深まり、毎日飲み歩いたんだ。

小松　すぐに一緒に仕事をなさったんですか。

見城　もちろん。でも比重は、仕事よりプライベートな付き合いの方が多かったかな。ベルナルド・ベルトルッチ監督の『ラストエンペラー』の音楽を担当することになり、作曲やレコーディングで疲れている彼を励ました。激情のすべてを放出し、仕事にも遊ぶことにも貪欲《どんよく》だった若い彼を受け止めることが当時の僕の仕事だった。僕は、それが嬉《うれ》しかったんだけどね。それで、『ラストエンペラー』がアカデミー賞の作曲賞の候補になって、一緒にL・Aのラ・ベラージュというホテルの近くで行われたアカデミー賞授賞式に行くわけです。

小松　授賞の瞬間にいらしたんですか？

見城　うん。回りを見たら信じられない光景が広がっているんですよ。ショーン・コネリーがいて、オードリー・ヘップバーンがいて、メリル・ストリープやマイケル・ダグラスがいてね。やがて、「ザ・ベスト・スコア。ザ・ラスト・エンペラー。リュウイチ・サカモト、デビッド・バーン　アンド　コン・スー！」とコールされたときには、俺は椅子から飛び上がるんだけど、あいつはトイレか何かに行ってて、デビッド・バーンが最初に壇上に上がっちゃうんですよ。ほとんど全部あいつがやった仕事なのにね。
結局『ラストエンペラー』は、一二個ものオスカーを獲得するんだけど、『ラストエンペラー』だけが、ハリウッドの製作クルーじゃなかったからアカデミー賞の用意したパーティーをキャンセルして受賞者の一人が持っているビバリーヒルズの別荘で自分たちだけのパーティーをするんですよ。一二個のオスカーを並べてね。
小松　聞いているだけで興奮しますね。
見城　ところが、そこからが面白かったんだよね。一二個のオスカーを獲《と》ったメンバーやその同伴者のうち半分以上がホモセクシャルだったんですよ。
小松　まあ(笑)。
見城　作品賞を取ったプロデューサーのジェレミー・トーマスと、監督賞のベルトルッチと、作曲賞の坂本とデビッド・バーンと、あと何人か以外は、ホモなわけ。それで、僕は「君が坂本のラバーか?」としつこく聞かれて坂本に悪いな、と思ってたんだけど、アカデミー賞のあとのパーティーなど二度とない体験だし、「ノー、違う、違う」と言いながら、それでも帰らなかった。
パーティーが終わって、ホテルに戻ると、もう日本からの電話が鳴り続けていて、シャンパンとか花がばんばん届いていた。そのシャンパンと花に囲まれていると、深夜なのにドアを誰かがドンドンと叩《たた》いて、開けると、そこに立っていたのはソニー・ロリンズで次に来たのはデビッド・リンチ。

小松 うわ～。

見城 僕、デビッド・リンチの『ブルー・ベルベット』や『ワイルド・アット・ハート』が大好きだったから、本人を目前にして胸が高鳴るんだけど、意外と小柄なんだよ。ファッションもアイビーで、いい感じのお兄ちゃん。お祝いに駆けつけたっていいながら、「次の映画の音楽を頼むよ」と、坂本に仕事の依頼しているわけ。明け方になって、訪ねて来たのはマイケル・ダグラスだった。一緒に朝食を摂《と》ったんだ。こんなこと坂本と同じ時間を過ごさなければ生涯経験できなかったことだからね。それまでの仕事でのあらゆる苦労は、一気に報われていったわけです。

「見城さんとだったら本を出したい」

小松 見城さんは作家以外のアーティストやミュージシャンの本をつくった先駆者ですよね。

見城 ミュージシャンの本といえば、当時、矢沢永吉《やざわえいきち》の『成りあがり』(小学館/一九七八年)ぐらいしかなかったんだけど、まず、それを僕が角川で文庫化した。八三年にはユーミンの『ルージュの伝言』、八五年には尾崎豊の『誰かのクラクション』、八六年にはハウンド・ドッグの『負け犬』と出していきました。プロデュースしなければ存在しなかったものですね。

小松　それらの本は見城さんが彼らを納得させ、プロデュースしなければ存在しなかったものですね。

見城　僕は「角川とは仕事をしません」「お付き合いがありません」と言う人たちを、自分の魅力で落としてこそナンボの価値がある、不可能と思うことを可能にしてこそ仕事だと思ってやってきました。僕は若い編集者に「スムーズに進んだ仕事は疑え」と言ってるんです。何の障害もなくスムーズに進んだ仕事は、他の誰がやっても、たぶん上手くいく。そんなレベルの仕事をしていて満足するな、と言いたいんです。

小松　なるほど。先駆的なアーティスト本である『ルージュの伝言』は、どのように生まれたんですか？

見城　ある晩、タクシーに乗ってたら、ラジオから胸が詰まるメロディーとあの詞が聴こえてきた。時が移りゆくことの切なさや悲しさ、甘ずっぱさをここまで歌で表現できるなんて、誰だろう？　と思っているとアナウンサーが「ただいまお送りした曲は、荒井由実さんの『卒業写真』でした」と。即座に、「この人と仕事がしたい」と、思いましたよ。それから、もちろん彼女のコンサートに通ったり楽屋に顔を出したり、この世界では常とされる段取りは踏んでいくんです。ユーミンと仕事がしたい、エッセイをつくりたいと思ってね。

しかし、関係はじっくりと結んでいくんです。仕事をしたいと言い出したいのを、ぐっとこらえて、信頼を積み重ねていく。そうするとある日、「出版社からいっぱいオファーが来ているけれど、見城さんとだったらやりたい」と言ってもらえたんです。そうやって始まった『ルージュの伝言』は、文庫本も含めて、一五〇万部ぐらいまでいっていると思います。

坂本の音楽にしろユーミンの音楽にしろ、僕個人が感動してうんと好きになり、その人と仕事をしたいと思っていると、間もなく実現することができる。単なるファンではなく仕事を志す編集者なら、たまたま巡り会ったときにでも、相手を刺激する言葉を発することができなければいけない。「この人となら素晴らしい作品がつくれるかもしれない」と、アーティストに思わせることができるかどうか、そこが重要なターニングポイントになると思います。

多くの編集者は、出会いたいと思う人に会うことはできると思う。しかし、出会うだけでは意味がない。その対象に自分や自分の考えに興味を持たせることができるかどうかが重要になるわけです。編集者が仕事をしたい相手の心にフックする言葉を持たなければ、運もただ通り過ぎていってしまうんです。

小松　見城さんがなさったミュージシャンとの仕事の中でも特に話題になったのが尾崎豊さんですね。

見城　街のレコード店から聴こえてきた『シェリー』に感動してね。あのときも「誰だ!?」と思って調べたら尾崎豊という若いシンガー・ソングライターだということが分かった。彼の所属するマザーという事務所をすぐに訪ねたんだけれど、「本をつくりたくて、ここへ来た編集者は、あなたでもう七社目だ」と言われてしまう。

でも、やっぱり尾崎の曲が好きだから、自分の言葉でその気持ちを伝えたいと思った。事務所に無理を言ってようやく食事をすることができたんです。僕は必死になって喋《しゃべ》るわけ。僕の話を黙って聞いていた尾崎が後で「見城さんとやりたい」と言ってくれて、八五年に『誰かのクラクション』を発売したんです。先の六社を飛び越えてね。

小松　どの作品にも、いろんな苦労があったかと思いますが、たとえばこの『誰かのクラクション』には何か思い出がありますか。現在なら珍しくないタイプの本ですが、あの当時は、英字や写真をふんだんに使ったスタイルは皆無だったでしょう。

見城　そのとき僕は、無性に〝単行本〟という概念を覆したいと思っていて、それにぴったりな主人公は尾崎だなと考えていたんです。今でも、手に取ってカッコイイなと感じられる。部数も三〇万はいきましたよ。「二〇歳の誕生日までに出したい」という尾崎との約束が守れるか守れないか、瀬戸際でした。誕生日の一ヵ月前にやっと発売に漕《こ》ぎ着けた。

奥付のページに「I'm sorry to have kept you waiting so long」と書いてあるのは発

売日が告知よりも一年近くも遅れたことを、尾崎が読者にどうしても謝りたいと主張したから、入れたんです。中に入ってるドローイングも尾崎の作品で、尾崎豊という人間の、切なさの質量を感じる本をつくれたんじゃないか、とは思っているんです。

小松　「尾崎豊」を浮き彫りにするための表現方法は、尾崎さんと付き合っているうちに自然に湧《わ》き上がってくるのですか。

見城　そうそう。それと、完成形をイメージできなければ、何も進まないですよ。尾崎の場合、僕が真っ先に思い付いたのはタイトルです。「誰かのクラクション—SOME-BODY BEEPS A KLAXON」。東海ラジオだけでやっていた、尾崎がパーソナリティの番組のタイトルなんだけど、そのタイトルに連なるように、カバーはこうして、こんなパブリシティをして、どんなコピーで宣伝広告を打って……、というイメージができあがっていった。

そのイメージを持てなければ、思い通りの本はなかなかできないですよ。ゴルフでも野球でもナイスショットのイメージがきちっとできているときには、スイートスポットに当たる快打が生まれるでしょう。本も同じで、装幀《そうてい》から帯、コピー、宣伝、雑誌に載ったときの取り上げられ方、すべてが見えて初めて、売れる本作りが始まるんです。僕が、イメージしたものと寸分違わない『誰かのクラクション』ができたときのように。この本を、当時、吉岡秀隆《よしおかひでたか》君は二〇冊買ってくれたそうなんですよ。

小松　『北の国から』の純くんですね。二〇冊も？

見城　一〇冊は自分で持っていて、残りの一〇冊は自分のいちばん好きな人たちに配ったんだって。そういう話を聞くと本当にうれしいよね。

その後、彼は、アメリカに行ったり、薬物所持で逮捕されたり、いろんなことがあるけど、僕との関係は偶然の再会もあって途絶えなかった。尾崎が復活するとき、アイソトープという事務所をつくるわけだけど、金を集めたのも人を集めたのも、何もかも僕がやらせてもらった。結局、尾崎が生涯で出した本は五冊。そのすべてを僕がつくり、どれも三〇万部以上売れました。

小松　誰かに優しく褒められたいとか、心の闇《やみ》に秘めた狂気を理解してほしいとか、アーティストの〝飢えた心〟に、見城さんの言葉がきちんと届くから、そうした本が誕生するんですね。それも、決してあざとくはなく。

見城　いや、そう言ってくれるのはありがたいけど、充分あざといと思う（笑）。あざとくなきゃ編集者はできないよ。表現者が無意識に持っているもの、葛藤している様を言語化させるわけだからね。心に裂傷を負わせ、それを抉ってでも書いてもらう。

僕ら編集者は、精神を商品にして売ると言ういかがわしい行為に耽《ふけ》っている。それだからこそ、自分の人生の全体重をかけた言葉が相手の胸に届かなければ、編集者として現役でいる資格がない。自分自身にその負荷を掛け続けるのは、凄く疲れるんですけどね。

小松　見城さんの場合、身を挺《てい》して肉薄する相手もさまざまなわけですよね。アーティストだったり、作家だったり、役者だったり、と。

見城　僕は、日本一の偽物になろうと決めた。何百人という本物の表現者を相手に、偽物としての栄光を手にしようと誓ったんです。卑しさやあざとさを、自分の中で嫌悪し、噛《か》み締めながらも、それは同時に僕にとって、つまり編集者にとっては楽しい作業でもあるんです。

小松　見城さんをそこまで駆り立てるのは、やはり表現者の魅力ですか？

見城　極端なことを言えば、殺人者だろうと変態だろうと、僕を感動させる作品さえ観せてくれるか、書いてくれるか、聴かせてくれればいいんだよ。逆に、どんなに爽《さわ》やかでいい奴でも、その作品に心が震えなければ、つき合うことができない。編集者は、自分が感動できて、それを世に知らしめたいと思うからやっていける。その一点に尽きますね。

小松　世の中に新しい本を出せるなら、どんな大きな苦しみも負う価値があると思いますか。

見城　うん。それが、僕の生きていく寂しさを埋めるいちばんの方法でもあるから。でも、求めたものが達成された瞬間、また新しいものを探さなければならないんだな。寂しさは波のように繰り返し、襲ってきて止むことがないから。

小松　エネルギッシュに仕事をして、そのひとつを成し遂げただけでは、見城さんは決して癒されない。

見城　癒されない。人間は死に向かって行進してて、それはすべての人が平等であるわけでしょう。死に向かっていく寂しさというのは、もう耐えようがない。自分はいずれ死ぬ。小学生の頃、自分が死ぬことを思って泣き明かしたことがあったんだけど、その恐れは今も変わらないよね。その恐れや孤独、寂しさを埋めるには、仕事か恋愛しかない。

小松　仕事と恋愛、どちらか片方では駄目なんですね。

見城　駄目。特に恋愛は重要なエレメントだね。仕事なら失敗したとしても、再び情熱を傾けてがむしゃらにやれるかもしれないけど、恋愛はそう簡単にいかないから。自分の自意識とも対座しなければいけないし、人の目もあるし、自分が好きだと想った人に振られたくもない。

もちろん、現実には仕事にほとんどの力が注がれてしまうのだけれど、せめて、仕事を達成したとき「見城さん、カッコイイ、よくやったね」と言ってくれる女がいないと、やっぱり寂しいよな（笑）。

小松　仕事を達成してもなお、寂しさから逃れられないこともあるんですね。それでもまた、本を出すために表現者たちに寄り添い、時には彼らの無理難題も解決し、限りない愛情を注ぐわけですよね。もちろん苦労もあるわけで、「こんなことなら辞めてやろう」と思うことはないのですか？

見城　そんなの四六時中だよ！　でも、既に走り始めているという責任の重さがあってエスケープを思い留《とど》まらせるんだな。もちろん、作家やアーティストの作品が好きで始めたことだからどんなに辛くても、走り続けたその後の結果に夢を求めますよ。実を結ぶ果実の大きさや豊穣《ほうじょう》さを常に思うんだ。大体、苦労のない表現者から大きな果実は収穫できないし、大きな果実を実らせることができるのは、見た目には異常な表現者だったりもする（笑）。

小松　見城さんは、仕事を遂行する最中、どんな過酷な状態に陥っても、たわわに実ったみずみずしい果実がイマジネーションできるんですか？

見城　イマジネーションできなければ、途中で止めますよ。事実、止めたこともある。でも基本的には、豊作をイマジネーションできるからやっていけるんです。

編集者と作家のデスマッチ

小松　この人が実らせる果実を見たい、と思わせた作家はいますか。

見城　もちろん大勢いるけれど、銀色夏生という作家はまさにその一人でしょう。角川文庫で銀色夏生の本を出したときは、文庫本の概念を変えたかったんですよ。銀色の文庫本は僕が一人で一〇何冊か出したけど、一冊につき全部百万部ぐらい売れていますよ。

小松　私も二〇代の頃に何冊か買いました。紙質や文字の書体なども独特で、銀色さんの世界に引きこまれてしまうんです。

見城　『晴れのちBLUE BOY』というジュリーの曲の歌詞が、僕大好きだったんですよ。「言いたいことは椰子《やし》の実の中」というリフレインを聴いて、すごいぞ、この詞は！　書いたのは誰だろうと思って調べてみると、銀色夏生とあった。早速、まだ無名に近かった銀色夏生に会いに行ったんですけど、名刺を渡して、あなたをいかに凄いと思い、どうしても仕事がしたいと、僕が話しても、向こうはずーっと黙ったまま。ついに僕は、「君は失礼だ！　僕は帰る」と言って、席を立ってしまったんですよ。

でも、怒って帰ってきてから考えた。「僕の自意識をここまで無惨に壊滅させて、こんなに不愉快にした人とは、やっぱり付き合わなきゃいかん。きっと何かが生まれる。こういう異世界の人と付き合わない限り俺の仕事は変わらないんだ！」と思い直し、「突然帰って悪かった」と手紙を書いて、また会った。

そうしたら、ひと言ふた言しゃべり始めてくれて。じゃあ、どういうものつくろうか、と話し合いをしながら作業を始めました。紙の選定、帯のキャッチコピー、本文デザイン、すべて銀色がつくるという、オールバイ銀色夏生でいこうと決めたんです。

小松　ここまでする書き手も珍しいですよね。

見城　銀色以外にはいないんじゃないですか。八六年に出した一冊目の『これもすべて同じ一日』は最初あまり売れなかったけど、翌年、無名だった森高千里《もりたかちさと》を選んで礼文島《れぶんとう》に連れて行き、銀色のカメラで写真を撮り詩を付けた二冊目『わかりやすい恋』は、いきなり売れたんだ。二冊目でブレイクした。僕は、〝銀色夏生〟というのは、切ない恋をしているすべての、少年少女の集合名詞だと位置づけたんです。実在する人間かどうかも分からない、男か女かも分からない。匿名性にすれば売れるはずだと、立てた作戦です。匿名性を守るため、書評に載らないよう、雑誌に取り上げられないよう、すべての取材を断りましたからね。

小松　たとえば、『わかりやすい恋』の場合、見城さんは銀色夏生さんにどんな依頼をしたのですか。

見城　内容に関しては好きなようにやってほしいとだけ。僕は、銀色が心地よく本づくりができる環境を作ることだけに心血を注ぎました。実は、当時、まだ世の中に名前の出ていなかった森高千里を選んだのも銀色自身なんです。

小松　完成品をイメージして本をつくるといっても尾崎さんと銀色さんの場合では発想や作業がまったく違うのですね。見城さんは、ある主題に出会ったとき、自分との距離感や周囲の環境を最良の状態にチューニングしてあげられる能力をお持ちなんですね。

見城　自分独特の感覚でやっているから、完璧《かんぺき》かどうかは分からないよ。
小松　現実には無理な話ですが、志として、若い編集者が見城さんのようになりたいと思い、努力も厭《いと》わなかったら？　見城さんの仕事を踏襲することは可能でしょうか。
見城　それはできない。今、五二歳だけれども、これまで、そのときどきの感覚を信じてやっていたわけだから。誰の真似《まね》もしなかったし、誰にも真似はできなかったと思う。自分の人生がそのまま仕事に反映するわけだから、僕になろうなんて、無理です。僕は僕の人生を生きるしかない。つまり、他の編集者も、それぞれに生きていくための重い理由があって、その重さこそが作品をつくり出していくわけだから。
小松　たったひとつの重さですね。
見城　僕は僕の重さで、何かを刺激し、イメージし、それを紡ぎ出せる場所にいた。何十億の人がこの世にいようと、自分のたった一つの人生と、巡り会った人物のたった一つの人生がスパークして起こることだから。僕のようになることも、努力して僕のようにすることも、ありえないわけですよ。それより、オリジナルな、自分の編集を考えたほうがいい。
小松　ずっと以前ですが、NHKテレビの『スタジオパークからこんにちは』に村松友《むらまつとも》視《み》さんが出演されて、見城さんが書き込んだ原稿用紙をどんとテーブルに置いたんですよ。「こんなに朱が入っているでしょう。これが編集者の仕事です」と仰《おっしゃ》って。あれも、作家と編集者のスパークのひとつの形ですね。

見城　八二年の『時代屋の女房』だね。直木賞を受賞した。原稿をもらうと、居ずまいを正して朱を入れていくんですよ。「こういうセリフを言う人は、こういうセックスはしません」「この人がとぼとぼ歩いているシーンは、ひとつ色があると世界が深まります。この人の視界に見えた何か、花でも看板でもいいから色を入れてください」「赤く染めたカーリーヘアの女が一服するときに吸うタバコは、セブンスターじゃなくてハイライトじゃないでしょうか」「こういう性格に設定された人は、こんな逃げ方はしないと思います」「ウエイトレスのTシャツがまくれて見えたのが『臍《へそ》』だけでは、彼女の人生が見えてこないので、『縦長の臍』としてください」とか、そんなふうに。原稿用紙が真っ赤になるぐらい、やっていく。

村松さんはそれをデスマッチと呼んだ。毎日、デスマッチをやってたんだよね、僕は。編集者はデスマッチができる気力がないとダメだね。今の僕は、そこまでする時間がない。そのデスマッチとは違う戦いを強いられることが多いから。だけど、うちの編集者には「やれ、やれなきゃダメだ」と言ってます。

小松　見城さんの入れた朱を読みながら、作家は作品を再構築していくのでしょうね。

見城　でもね、ハイライトかセブンスターか？　どっちが正解なんてないですよ。その場の判断というのは、やっぱり自分の生きてきた過程、プロセスでしかなくて、自分の全人生をかけて、セブンスターではなくハイライトなんだと、指摘しなければいけない。独善的なものではあるけど、そこからしか火花は散らないし、作品も良くなってはいかないんだよね。

小松　見城さんは作家やアーティストと同じ苦しみを味わうことを無条件に受け入れる。つまりそれは「献身」ですよね？

見城　そうですかね。自分が惚《ほ》れ込んだ作家やアーティストにならどんな献身だってします。その献身は裏返して言えば自分のエゴだけどね。

小松　アドバイスした作品が面白くなっていくこともまた醍醐味《だいごみ》ですか。

見城　もっと直してくれ、もっと指摘してくれと言う作家もいますよ。水上勉さんや中上健次さんはその典型ですね。つかさんの『蒲田行進曲』なんて、だったら設定された季節を変えてほしい、と注文をつけたりしたからね。

小松　デスマッチが作品の質を高め、色や形を際立たせていく。

見城　一度、その指摘が大問題になったことがあった。まだ駆け出しの頃、吉村昭《よしむらあきら》さんに作品の感想を手紙で書いたりするうち、短編を書いてもらえるようになった。しかし巨匠だから、遠慮して原稿には手を入れなかったんです。いろいろ思うところはあったんだけど、朱は入れなかった。

ところが、ある日、吉村さんから「ほかの作家に聞いたところ、君は、相当に原稿を直すらしいね。僕にはそうしないんだね」なんて言われて、もう嬉しくなっちゃって。そのあと貰《もら》った三〇枚の短編を真っ赤にしたんだけど、直後に激怒の手紙が来たんだ。「君に何が分かるか。もう二度と君とは仕事をしない」という内容の手紙。すぐに謝りの電話をすると、手紙の雰囲気とはぜんぜん違う。「君の指摘は大体正しいんだ。それにあんなに腹を立ててる自分がダメなんだ」と。僕がすっとんで行ったら、吉村さんが行きつけの寿司屋さんに連れて行ってくださって、カウンターで寿司を食いながらまたこう言う。「あれは僕が悪かったんだ。これからも仕事を続けよう」

僕も「ありがとうございます」と言葉を返して、安堵《あんど》して帰ったんだけど、翌々日また速達が来て、「やっぱり縁を切りたい」って書いてあった(笑)。僕は「末期《まつご》の眼《め》の文学」と題して吉村昭論を書く自信があるんだけれども、そういう僕を見抜いていて嫌いだったのかもしれない。おまえは誤読しているよとでもいうように。

小松　自尊心と素直な心が闘っている。

見城　作家の心理って、そこまでねじれているし、それだから書き続けることができる。僕はそれ以後、仕事の依頼はしていない。連絡も来なくなった。でも、会えばにこやかに挨拶してくださるし、僕は吉村昭さんの新作が出ると必ず読んでる。

小松　仲が良いだけでは、熱い作品はつくれない。

見城　その通りだと思う。林真理子さんだけど、『ルンルンを買っておうちに帰ろう』

でデヴューした直後に仲良くなって、次々と作品を出していった。初めて会ったとき、三つの約束をした。①『野性時代』に絶え間なく連載エッセイをやろう。②君は、必ず直木賞を獲れる。だから小説を僕とやろう。③僕に惚れるな。①と②はすぐに実現したけど、③は「見城さん、私は面喰《めんく》いですからあり得ません」と言われた（笑）。ずうっと仲良くやって来たけど、幻冬舎を設立して一年後ぐらいに、あることで大喧嘩《おおげんか》になった。全部僕が悪いんだけど、いつもはすぐ元通りになるんですが、そのとき以来、絶縁状態になった。親し過ぎたんだね。距離がとれなくなっていた。ずっと後悔している。

尾崎豊の場合は、彼と抜き差しならないほどやりあわなければならないときがよくあった。逃げ道もなくなり、「もうこれ以上無理だ、死ぬしかない」と、何度自殺しようと思ったか分からないよ。彼は、気分が滅入《めい》るとスタジオで暴れるわ、外に出て自動販売機に殴りかかるわ。『月刊カドカワ』の編集部に来て、突然机の上に飛び乗って叫びはじめたことがあった。「お前らみたいにのうのうと生きてるやつに原稿を書いてるかと思うと、腹が立つんだーっ」と、絶叫すると持ってきた原稿を破って空にバラまいてしまう。

僕は、そんな尾崎を、羽交い絞めにして会議室に押し込み、背中をさすってやる。「尾崎、何してるんだ、しっかりしろよーっ」と。毎日、それを繰り返していた時期もあったんですよ。

小松　それでも、見城さんは尾崎さんを許す。命を賭《と》して本を作りたいと思うテーマだから。

見城　そうです。尾崎は、愛も、真実も、永遠も、何も信じられない人間だった。すべてを信じることができないから、愛を歌い、真実を歌い、永遠を歌い、純粋に見えたんです。救いを求めていたから歌うんだ。彼の作品が仕上がったとき、僕は、今までにない快感を得るだろう、と信じられた。黄金の果実をもたらしてくれるに決まってるんだから、踵《きびす》を返してとっとと逃げるなんてことは、いちばん楽だったのだろうけど、できなかったですね。

小松　しかし、そういう相手が、一人や二人じゃないわけですよね。

見城　オーバーに言えば三百人ぐらいはいる。

小松　心臓が止まっちゃいそうですね。

見城　だから僕、心臓を悪くしたんですよ（笑）。

編集者は作家に対して三枚のカードを持つべき

小松　情熱を傾ければ傾けるほど関係もさらに深まり、見城さんも作家やアーティストも年齢を重ねていけばテーマも大きくなる。命懸けの仕事も増える一方ですね。

見城　長嶋《ながしま》選手のいない巨人軍で、監督をする長嶋監督ほど大変な思いをした監督はいなかっただろう、と言われますが、僕の場合はそうはならなかった。幻冬舎には僕が信じる最初の五人がいて、そのあと入ってきてくれた人たちも信じるに足るし、僕を許してくれている。そういう人たちしか残っていない。本当に感謝している。さらに若い社員たちは彼らの先輩の仕事を見ていて、さまざまな場面で刺激を受けている。現場から僕が退いても大丈夫なほどに。

小松　ただ、見城さんが現場を離れる日が来るなどとは、にわかに信じられません(笑)。

見城　もちろん、僕が全面的に出ていかないと駄目な人たちが現在二〇〜三〇人ぐらいはいてくれるかな。それに、新しい表現者の関係も次から次へと作られていくので、現実に現場を離れることはできないんですよ。まあ考えて見れば、僕は、死ぬまで編集者でしかあり得ない。昨日もたまたま、日経新聞夕刊の「あすへの話題」というコラムを読んでいて、寄稿していた東京大学教授の『春が来た』という文章に感動し「連絡を取って、会いに行く」と騒いでいたところだから。

小松　小さいことを気にするかと思えば、会社が潰《つぶ》れるかどうかの賭《か》けにも出られてしまう。そうして、見城さんが、ご自身にしかできない集積でつくってきた作品や関係がありますが、幻冬舎の社員の方たちは、見城さんの遺伝子を受け継いでる?

見城　ノウハウや小手先は通じない世界だから、僕は自分の人生の集積でぶつかるだけ。

相手との距離を縮めることによって、返り血も浴びることだってあるんです。石原や舘野、いろんな人それぞれがつまらないことに悩み葛藤し、自分の人生を賭けて関係していけばそれでいい。そういう意味で、僕のスタイルは、ある程度、受け継がれていってると思います。

小松　それぞれの人生の重さを感じながら仕事をしている編集者との、企画会議はどんな感じなんでしょう？

見城　花田さんもそうだと思うけど、会議でどうこうより、メシ食ってたり、お茶してたり、ゴルフしてたり、そういうときに、これはこうしようかって話す。昨日も、「私、年金のことがどうしても分からない」って言う、一緒にメシ食ってた若い秘書の話から、「知識ゼロから」シリーズに「年金入門」を入れようということになった。

編集者が、私はこれに感動したからどうしてもこういう本を出したいと言えば、僕はなるべく止めない。そんなふうにやってるから失敗もいっぱいあるんですよ。ベストセラーばかり目立って失敗した本は目立たないから、儲かる本しかつくってないように思われてるけど、死屍累々《しるいるい》なんです。

だけどウチは、総花的なことは一切しないで、ブレイクするものに思い切って大きく賭ける。自分たちが生きていくためには、大手が真似できないことをやっていくしかない。ただ、ウチの宣伝方法、パブリシティ方法を大手がやたら研究・分析しているらしい。だからまた新しい幻冬舎の戦略を立てなきゃいけないとも思っているんだ。

小松　上昇気流に乗った今から未来へ、幻冬舎のビジョンはどう描かれていくのでしょうか？

見城　ビジョンなんてないですよ。僕が生きていくだけ。劣等感や、みっともない見栄《みえ》も含めて、僕の生き様がそのまま僕の仕事になる。僕が生きていくプロセスとして、もだえ苦しみ、得意になり、「これが見城だ」と心の中で叫びながら、たった一人の愛する女に、「ステキ！」と言われることに寂しさを埋める。それが、そのまま幻冬舎なんですよ。

実際、僕の人生がどうなっていくのかは、分からない。それによっては幻冬舎も形を変えていくだろうから、幻冬舎の今後もなんとも言えないんですよ。成功か失敗かなんて、死ぬ直前まで決まらない。死だけがすべての人を平等にする。その死の瞬間に、「俺の人生まあ、よかったか」と思って死にたい。かすかに微笑《ほほえ》んでね。それまでは全部プロセスだと僕は思っている。田舎で無名でひそやかに生きたって、どんなに金や権力や名誉があったって、死の瞬間しかその人の人生の決算はないと思っている。

小松　七〇歳、八〇歳になっても仕事のことばかり考えているでしょうか。

見城　今、僕にとって幻冬舎が必要だから戦っているけど、来年はどうなるか、さ来年はどうなるのか、まったく分からない。もしかしたら、愛する人のために敝履《へいり》のごとくすべてを捨てて、愛の逃避行をしてるかもしれないし（笑）。

小松　少年時代、自分を醜いと思い、負のエネルギーにさいなまれていた頃よりは今、心は平安になりましたか？

見城　それはないね。人間なんて、そんな変わらないと思いますよ。ただ、現実社会で、人が評価する数字とかをなんとか勝ち得ることができたという点では、表面的な自信はできました。自信はできたけど、根本は同じ。僕にとって大事なのは、自分が素晴らしいと思えたものを仕事で達成すること、自分が愛した女に愛されること。この二つがなくなれば、生きている価値はないと思うよ。

小松　恋愛については次回詳しく伺うとして（笑）、触角となっているアンテナはさらに鋭敏になり、新たな出会いは限りなく増えていく。一方で、二〇年来付き合ってらっしゃる石原慎太郎さんに対しては、これまでの関係の集積において、見城さんしかリクエストできないものを執筆してもらおうとなさってきた。

見城　編集者は作家に対し、切り札として常に三枚のカードを持ってなきゃ駄目だと僕は思っているんです。たとえば石原さんの場合なら、一枚目のカードは弟である石原裕次郎ですよ。私小説を書いたことがない石原慎太郎さんに、いちばん血の濃い弟を描いてもらうことで、それまで見せたことのないもうひとつの貌《かお》を見たいと思った。そのためのカードは、国民的スターである弟の十周忌に向けて出せば、爆発的に売れるだろうという計算も働くけど、そこまでは石原さんに言わなくていい。このカードは、一九九六年『弟』となって実現しました。

二枚目のカードは、〝政治家・中川一郎《なかがわいちろう》の死〟。何故《なぜ》、中川一郎は死ななければならなかったのか、それを書いてほしいと僕は思っていたんです。『太陽の季節』『処刑の部屋』をはじめ「観念の悪」を書いてきた石原さんが政治に手を染めた以上、現実の悪を書かなければ、彼が政治家になった意味がない、と編集者である僕には思えたから。

必要悪の産物である政治に関わった者は〝大人〟になることを認めざるを得ない。成熟せざるを得ないわけです。それは、子供が親になり、王子が王になり、少年が男になる過程であり、中川さんの自殺は、政治が持つ苛酷《かこく》さの象徴であったかもしれない。ここには石原さんにしか書けない世界があるはずなんです。ところが、石原さんは中川さんのことだけは「死ぬまで書かない」と言っている。お墓の中まで持って行くつもりなのでしょう。しかし、僕はまだ諦《あきら》めたわけじゃない。僕は、これからもこのカードを切るタイミングを待って迫っていくつもりです。

三つ目のカードは〝老い〟ですよ。ほかの作家じゃ駄目なんだ。『太陽の季節』で奔放な若き肉体を信じた石原慎太郎に、現実に肉体を蝕《むしば》む老残を書いてほしいと思う。加齢とともに細胞が衰え、気力が失《う》せて行くその様を、老いの悲しみに満ちた小説という形にしてほしかったのだけれど、石原さんはきっぱりと「僕は老いを迎え撃つ」と言うから、じゃあ生の言葉で綴《つづ》るエッセイでお願いしますということになった。二〇〇二年に出版された『老いてこそ人生』は、未《いま》だ石原さんの闘争宣言でもあるわけです。

この三枚のカードは、普通のカードではない。キラーカードでなければならないんです。石原さんとはもう二六、七年付き合っていただいているけど、ゴルフをしていても、食事をしていても、温泉に浸《つ》かっていても、「いつこのキラーカードを差し出すべきか」を、考えてるんです。幻冬舎ができて二週間後に石原さんが会社まで来てくれて、「俺がまだおまえの役に立つんだったら、なんでもしてやるぞ」と言ってくれたそのとき「今だ!」と思って一枚目のカードを切った。だから『弟』が出版されたんです。

小松　何年も用意しているカードを、一瞬のタイミングのずれもなく、差し出さなければならないんですね。

見城　そうですよ。そのタイミングは何年に一度か、何十年に一度しか巡ってこない。もし、どんなに優れたカードでも、タイミングが間違っていれば凡庸な手として役に立たないんです。考えに考え抜き、絞りに絞って用意しておくんだから、一瞬たりとも気が抜けない。カードを出された相手が「それを言われちゃ書かざるを得ないな」という関係も作っておかなければならないわけですからね。僕は、カードは常に三枚用意しておくんです。オーバーに言えば、三百人それぞれに三枚ずつ持っている。

小松　九百枚を、考え抜いていては夜も眠れない。

見城　僕は筋金入りの不眠症です。寝ていても考えが浮かぶと起き上がってメモを取ったりするからね。それに八年前からは耳鳴りが一時も止むことなく聞こえ、それは今も僕の頭の中でミーンと響いていますよ。

小松　そこまでやることが、見城さんにとっての仕事と言うわけですね。

見城　相手が百やってほしいことがあれば、僕は「わかりました」と言ってそれが当然のように百をやりますよ。僕自身がどうしてもやってほしい一つのことのために百をやる。百対一の一を、いつ、どんな言葉で繰り出すか。僕が切った一枚のカードを絶対に捨てさせないための機会とタイミングをどんなときでも窺ってるんです。

小松　九八年にベストセラーになった五木寛之さんの『大河の一滴』のあとがきに、その瞬間のことが、書かれてますね。

見城　五木さんがある時、食事のあとの雑談のなかで、こういう時代にはこう生きるしかないんだっていう話を独り言のようにして下さったんですよ。お茶を飲みながら中国の屈原《くつげん》という人の故事を突然、話し始めた。

「滄浪《そうろう》の水が清らかに澄んだときは／自分の冠のひもを洗えばよい／もし滄浪の水が濁ったときは／自分の足でも洗えばよい」

滄浪という川のほとりでの話で、後に「滄浪の水が濁るとき」というタイトルの章に書かれていますが、屈原の故事を持ち出し「どんな時代もそういうふうに考え、生きていくしかないんだよ」と話す五木さんに、僕は思わず立ち上がって言ったんです。「だったら、その話を書いてください！」と。人間関係の集積と切り札のタイミング。それは、絶えず努力してないとつかめない幻の蝶《ちょう》のようなものなんですよ。

小松　五木さんとの関係の始まりも、ドラマチックなものでしたね。五木さんの作品をすべて読み、そのたびに手紙で感想を送っていらした。一八通目にお返事がきて、二五通目に初めて会うことができた。見城さんは、カードを切るチャンスを粘りでつかみ、全身全霊でぶつかっていく。

見城　僕には、それしかないんですよ。これから、今まで幻冬舎とは縁のなかったアッと驚くような方の作品が書き下ろしで出ていきます。まぁ見ていてください。僕が今まさに現役でいるという証明になるはずだから。

愛犬・エドとの散歩が心安らぐ時間

小松　九八年にセンセーションを巻き起こした『ダディ』の成功は、出版界にとっての大事件として認知されていますが、郷さんにはどのようにカードを切ったのですか。

見城　郷ひろみとは、その時点で一〇年の付き合いがありました。一〇年の間、彼がやりたいと言った企画はいっぱいあったのだけれど、僕はいい結果を出せると思わなかったから、カードは伏せていた。ところが、ある時、一緒にゴルフをしている最中に、彼から「妻から、離婚を迫られてるけど、自分は簡単には受け入れられず、とても苦しんでる」という話を聞いたんです。

そのとき、僕は郷さんに、幸せの代名詞のように思われていたカップルが結婚し、親となって、別れなければならなくなった経緯を率直に書いてみたらどうか、と提案しました。

郷ひろみと二谷友里恵というビッグカップルの離婚のスクープ報道を担うわけですから、徹底的な隠密《おんみつ》作戦をとり、初版五〇万部を出荷。三日後に増刷がかかり、瞬く間に百万部を突破したんですよ。ローテクな単行本が離婚をスクープするのも、本が離婚の記者会見のかわりになるのも面白いし、作品そのものにも僕は自信がありました。

読みもしないであれこれ言った人もいるけど、男と女が出会い恋をして、家庭をつくり別れていくまでの普遍的なストーリーが、よく描けていると自信を持っていた。確かにセンセーショナルな売れ方をしましたが、僕個人にとっては、友人でもある郷ひろみの心の叫びをしっかりと残しておきたいという気持ちも大きかった。ある幸福な家庭の偽らざる崩壊の経緯を当事者が必死に書き綴るという、本でしかなし得ない表現だからこそ、読者から大きな共感を得たのだと思います。

小松　帯も、写植屋さんを何ヵ所かに分けて〝郷ひろみの離婚〟がバレないようにしたとか。そこまで見城さんが考えるのですか？

見城　そうです。僕はとにかく用意周到。用心深くて慎重で、石橋を叩いても渡らないタイプ。なのに、世間では無謀なことばかりして、たまたま勝っていると思われてる。新参者が無謀でなくてどうするなどと、言い続けているけれど、一方で、慎重すぎるほど慎重で、タネを明かせば「無謀」を演出しているだけです。

小松　そう言えば、幻冬舎を立ち上げて、単行本六冊を同時発売、朝日新聞に全面広告を出したときもずいぶん「無謀だ」と言われました。

見城　でも、この六冊は絶対にベストセラーになる。それを計算すると何億の黒字になるから、全面広告のリスクなど帳消しにできると思って勝負に出たんです。『ダディ』の初版五〇万部もそう。創立から三年で文庫本を出したときも、一挙六二冊を出版して「失敗したら倒産する」などと言われた。でも、ラインナップから広告まで失敗しようがないというところまで準備を重ねていたから心配はしなかった。文春時代、数々のスクープを飛ばした花田さんなら分かると思うけど、ひとつの仕事をやり遂げた充足感は、何ごとにもかえがたい。

小松　また、小説が売れないといわれる中、『血と骨』や『永遠の仔』、『天国への階段』など、幻冬舎が出せばヒットしますね。

見城　読んでもらうため、作品がここにあるよときっちり言うための努力をしてるから。僕はほんとに臆病で、『血と骨』や『永遠の仔』や『天国への階段』に、いきなり全五段の広告を出すのは勇気がいるんですよ。だけど、自分がいいと思った作品に、努力に努力を重ね、リスクヘッジのためにできることはすべてして、ドーンと広告を打ちパブリシティを展開する。後ろ髪を引かれながら、おびえながらなんだけど、止めるんじゃなくて賭けるほうに、出て行く自分がいるんです。

小松　見城さんがスイッチを切ってオフになる瞬間はないのですか。

見城　うちの愛犬、エドと散歩しながら話しているときかな。エドはね、僕の生きがいでもありますよ。子どもの頃、『ミスター・エド』というテレビ・ドラマがあったんですよ。「馬がしゃべる／そんなバカな／ホント、だけど相手は一人／ホントに好きな人にだけ／アイ・アム・ミスター・エド」というテーマソングがあったんだけど、人の言葉を話せる馬・エドが、人生相談に乗ってくれるというホームコメディ。このドラマが好きだったから、馬に似た顔の犬、シェットランド・シープドッグを飼いはじめた。

馬のエドは、好きな人一人にしか喋らない。ウチのエドもいつか僕に喋ってくれると信じて、毎朝、散歩に出かけてます。いつかきっと、「ケンジョー、それは悩みすぎだヨ」とか、喋りはじめる（笑）。

彼と過ごして七年。二人で出かける朝の散歩は、季節の変わり目や、風や水の温かさ、冷たさなんかを感じたり、行き交う人々の人生に思いを馳せたり僕にとって心休まる時間になっています。

小松　さて最後に、見城さんをつき動かすものは何なのか。求めているものは何なのか、それを教えて下さい。

見城　やはり大学時代に垣間見《かいまみ》た同世代の死なんだな。僕がくぐり抜けた一番大きな門が、学生運動だった。僕らより一〇年前に六〇年安保闘争で亡くなった樺美智子が、残したノートに「『最後に笑うものが／最もよく笑うものだ』と／でも私は／……ただ許されるものなら／最後に／人知れず微笑《ほほえ》みたいものだ」と書いてるように、死ぬ瞬間に、自分の人生を、まあまあだったな、と人知れず微笑んで終えられればそれでいいんです。実際には微笑んで死んでいくなんてあり得ないでしょうけど、僕はおセンチと言われようと、それにこだわってしまうんですよ。

どんな場面でも、最後に自分を納得させる価値基準みたいなものは革命闘争で死んでいった、奥平剛士の存在ですね。七二年、京大生だった彼はイスラエルのテルアビブ郊外の空港で自動小銃を乱射し、自分も全身を蜂《はち》の巣のように撃たれながら、爆弾を足元に投げ自らを肉片と化して死んでいった。「俺は地獄へ行っても革命をやるんだ」と叫んで、自分の足元に爆弾を投げた奥平に比べりゃ、僕がやってるのは、どうってことないよな、という思いが常にある。何かを決断しなければいけないとき、何故か奥平を思い出すんです。

自分が死ぬときに、あぁ、イイ人生だったなと思えて死ねれば、結局それは、イイ人生なんです。名前がある者にもない者にも、カネがある者にもない者にも、死だけは、平等に訪れます。その死の瞬間、微笑むことは難しいかもしれないけれども、僕は人知れず微笑んで死んでいきたい。そのために、僕は、今、ビビリながら戦っている。ただ、それだけです。

幻冬舎創立「闘争宣言」

——一九九四年

来《きた》る三月二十五日、幻冬舎の最初の単行本が六冊刊行されます。六冊を見ていただければおわかりのように、幻冬舎は文芸作品中心の出版社です。衰退がいわれて久しい文芸本のジャンルにあえて切り込んでいくのには、それなりの覚悟があります。私たちは文芸が衰退しているのではなく、文芸を編集する側が衰退しているのだと考えています。すなわち、大手寡占状態の中で、出版社は作者と読者の両方の胸の鼓動や息遣いに耳を澄ますことなく本を送り出しているのではないか？　血を流し、葛藤し、渇えている作者と読者のひとりびとりに対してあまりにもヌクヌクと生活しているのではないか？　大手出版社というブランドに守られて、ひりつくような痛みとははるか遠い所でいつも安全な本作りをしている自分の姿を思い浮かべる度に、吐き気をもよおしていたことは事実でした。

もう一度ゼロに戻したい。もう一度ひとつ間違えれば地獄へいく薄氷を踏んでみたい。そんな想いのなかで幻冬舎は出発しました。逆に言えば、幻冬舎の社員ひとりびとりの人生の問題として、今の自分に否定形の「NO」を言い続けるためにも、幻冬舎は設立されたのです。

私達には今、何もありません。しかし、そのことが気持ちがよいことだと感じています。私達を縛る出版界の常識もありません。ですから、史上最大の作戦もゲリラ戦も自由に戦うことができます。

その戦いのさ中で、読者の胸元にくっきりと届くものを送り続けます。そして、その集積でこの世界の何かを変えたいと願っています。

文芸元年三月二十五日。幻冬舎は歴史に新しい楔《くさび》を打ち込むことができるでしょうか。

オンリー・イエスタデイ

あとがきに代えて

角川書店を退社する一年以上前、部下である石原正康から辞表を預かった。

自分はもうこの会社に見切りをつけた、しかし、自分を入れてくれた見城さんが角川にいる限り、辞めることはできない。もしも見城さんが辞める気になったら、見城さんの辞表とともに、僕の辞表も提出して下さい。そんなようなことだった。大活躍していた石原が、まさかそこまで思い詰めているとは思ってもみなかった。僕はといえば、編集部門すべての責任者であるポストにいたこともあってなかなか決心がつかず、逡巡《しゅんじゅん》する日々がいたずらに過ぎていった。

結果的に辞める決断をしたのは、角川コカイン事件が起きる一ヵ月ぐらい前で、石原と二人で飲み屋でもやるかなどと考えながら、辞表を出すタイミングを窺《うかが》っていた。そこに突然のように、角川コカイン事件である。一七年間仕えてきた角川春樹社長は逮捕され、僕が角川書店に残る理由は全くなくなった。

その時の解放感は、筆舌に尽くし難い。雲ひとつないどこまでも澄んで高い青空のような気持ちの中で、僕はいかに角川春樹という存在に縛られていたかを思い知ったのである。

思いがけず、いくつかの出版社から、ウチで働かないかという誘いをいただいた。金を出すから、あなたの会社をつくりましょう、という今をときめく企業からの提案もたくさん舞い込んだ。

しかし、飲み屋ではなく、編集者をやるなら自力で出版社を創《つく》ってみたかった。

資産家で二〇年来の親友、棚網基己をパートナーに決めた。山の上ホテルの鉄板グリルで、まず三億円用意しておいてくれ、と言った僕の言葉に、肉を喉《のど》に詰まらせた棚網の顔をつい昨日のことのように思い出す。

すでに角川書店を辞めていた重松清が、七、八人を集めて僕と石原を励ます会を新宿で開いてくれた。重松は作家への道を歩み始めていて、出版社を一緒にやろうという僕のプロポーズをすまなそうに拒絶した。

石原正康、小玉圭太、舘野晴彦、米原一穂、斎藤順一とともに、一九九三年一一月一二日、幻冬舎を設立登記。

社名は五木寛之さんにお願いしてつけてもらった。五木さんが出してくれた候補は他に「幻城社」と「幻洋社」があったが、僕が「幻冬舎」を選んだ。その時は『大河の一滴』が文庫本も含めて二七〇万部を超えるベストセラーになるなど知る由もない。

半年後、新実修が参加。全員が元・角川書店の社員である。

一九九四年三月二五日、五木寛之『みみずくの散歩』、村上龍『五分後の世界』、篠山紀信『少女革命』、山田詠美『120％COOL』、吉本ばなな『マリカの永い夜／バリ夢日記』、北方謙三『約束』の作品を六冊同時発売。幻冬舎は出発した。今思えば影も形もない出版社によく書いてくれたものだと、六人の方々には感謝の言葉もない。その後も、多くの作品をいただいて幻冬舎を支えてもらっている。

「二年に一冊は書き下ろしを出すよ」と言った村上龍の言葉が近作『13歳のハローワーク』、『半島を出よ』まで守られるとは、やはりその時は、思ってもいなかった。

四谷二丁目の雑居ビルに社を構えた直後、石原慎太郎さんがやって来て、「もしも、オレがまだオマエの役に立つならなんでもやるぞ」と言ってくれた。その約束は『弟』として結実、『法華経を生きる』、『老いてこそ人生』に繫《つな》がっていく。

宮本輝さんはすぐに新聞連載を開始してくれて、『人間の幸福』という作品が誕生した。

天童荒太さんの『永遠の仔』は設立登記したその日に執筆依頼をし、大長編となって出版までに五年の歳月を要した。

その翌日、新宿中村屋で昼食を食べながら群《むれ》ようこさんは書き下ろし小説『人生勉強』を即決、近作の『かもめ食堂』へと至る。

まだ一冊も本を出版していない出版社の依頼に応じ、内田康夫さんは『華の下にて』の執筆を快諾、それは内田康夫百冊記念作品となった。内田さん宅を辞して、雪が積もった軽井沢《かるいざわ》の駅前の公衆電話から、会社に執筆ＯＫの電話を入れた。その時、社員から起こった拍手と歓声は今も耳に残っている。

角川時代ほとんどおつき合いのなかった渡辺淳一さんや沢木耕太郎さんには新作が出版されるたびに感想の手紙を書き、一〇年の時を経て、それぞれ『愛の流刑地』、『無名』として結実した。

大沢在昌さんや宮部みゆきさんの小説を刊行できたのも望外の喜びだった。

「中央精版」の草刈社長は、印刷代の手形の期限は半年でも一年でも二年でもいい、自分で決めろ、と言ってくれた。

紙のことが全くわからない僕たちに、「中庄」の大塚取締役（故人）は、会社に泊まり込みで一緒に作業をしてくれた。

広告代理店「とうこう・あい」の木村副社長（故人）は、最初の六冊出版の際、どうしても朝日新聞に全面広告を出したいという僕の無謀な希望を容《い》れて、失敗したら自分が支払うからと、社長にかけあってくれた。

そんな風に多くの方々に助けられて幻冬舎は出発し、僕は今、ここに、在る。

廣済堂出版、角川書店、幻冬舎を通じて、僕に原稿を託してくれたすべての執筆者の方に深く御礼申し上げます。とりわけ幻冬舎で出版してくれたすべての著者に心より感謝の意を表します。

幻冬舎の社員の皆さん。欠点多き社長をいつも支える羽目になって、秘《ひそ》かに毎日僕は、手を合わせています。

そして、平田修、杉山恒太郎、岡部匡宏をはじめとする長年のわが良き友よ。君たちと出遇えて、僕はどれだけ刺激され、救われたことでしょう。暗闇《くらやみ》のなかを共に生きる者として、熱い連帯の挨拶《あいさつ》を送ります。

一時期、私生活でも苦楽を共にした坂本龍一、そして山川健一にも謝意と友情を。

田辺昭知さん、周防郁雄さん、高嶋達佳さん、森隆一さんをはじめとする先輩諸兄。僕の心の支えです。

「京味」の西健一郎さんには三〇数年の編集者生活をカウンター越しに見護《みまも》っていただきました。

本書は、膨大な種々雑多な記事やインタヴュー、文章の中からいくつかを選び、編集し直したものです。内容や文章がダブったり、矛盾しているかもしれませんが、あえてそのまま収録しました。締切に追われて、かつての文章から一部そのまま引用したものもあります。雑誌の特集のテーマが決められていて喋《しゃべ》ったために文字にするとオーバーな表現になってしまったものもあります。でも、それがその時の僕なのです。それぞれの背後に僕の「暗闇のなかでのジャンプ」が色濃く反映されているはずです。それを感じ取っていただければ幸甚です。

本書の四分の一ぐらいは月刊誌『Ｆｒｅｅ＆Ｅａｓｙ』に掲載されたものから成り立っています。編集長の小野里稔と、見事なページをつくってくれた、僕の担当編集者、猶岡浩に感謝します。

本の装幀《そうてい》とデザインは、高橋雅之さんにお願いしました。彼には、幻冬舎の初期のミリオンセラーの『ふたり』『弟』『ダディ』の装幀をやってもらいましたが、角川書店時代から数えると二五年の付き合いです。

それから愛犬エドよ。君がいてくれて僕は毎日心が洗われています。これからもヨロシク。いつかきっと喋ってくれよ。

最後に、僕の「暗闇のなかでのジャンプ」を見つめてくれた、僕が生涯で勝手に恋した九人の女性たち。あなたたちにほめられたくて、僕はここまでやってこれたような気がします。

特別な感慨を込めて「ありがとう」を言わせてください。

僕の「暗闇のなかでのジャンプ」はまだまだ続きそうですが、この本でとりあえずの気持ちの区切りがついた気がします。

この本をあなたたち九人と我が母に捧《ささ》げます。

今回のゲラを読み進む過程で、僕を打ちのめす大きな事件が起こりました。胸を掻《か》きむしりながら目覚める夜が続きましたが、それもオンリー・イエスタディとして思い出す時が、やがて来るでしょう。許し、許されて日々は過ぎていく。ならば騙《だま》すより、騙される方がいい。利用するより、された方がいい。僕にとって生きるとは、そういうことです。ただ、その事件のおかげで、二〇年近く休止していたウエイト・トレーニングを再開しようという決心がつきました。

ノーペイン・ノーゲイン。

ウエイト・トレーニングでよく使われる言葉ですが、人生も、すなわち仕事も恋愛も同じです。

痛みのないところに前進はない。

二〇〇六年一二月二九日　五六歳の誕生日の夜

見城　徹

文庫版のためのあとがき

単行本を出版してあっという間に二年の時が過ぎた。思いもかけず八刷を重ね、ベストセラー欄にも顔を出し、読者からの熱い手紙を何十通もいただいた。

勝手なもので、最初は出版することに躊躇《ためら》いがあって憂鬱《ゆううつ》だったが、そうなってみると、読者を獲得したことの嬉《うれ》しさの方が先に立った。

そんな折、三社から文庫化の依頼が舞い込み、生来の行き当たりばったりの性格から、「ええい、ままよ」と、ありがたく集英社文庫から出させていただくことにした。

集英社に決めたのは、かねてより敬愛する山下秀樹さんが社長であることと、長年の友人である小山田恭子さんが文庫編集長であること、前に仕事をして実に気分のよかった中山哲史君が担当編集者であることが大きい。

解説を小池真理子さんに引き受けていただいたのは、この本を出して以来、最大の喜びになった。

小池さんとは三〇年以上、作家と編集者を越えた奇妙な友情が続いていて、僕にとってあり得ない貴重な関係である。

何年も会わなくても、僕には彼女の気持ちが解るし、彼女も僕の気持ちが解る。

少なくとも僕はそう思っている。この本の解説に、これ以上適した人はいない。

「これほどの努力を人は運と言う」と僕は言ってきたけれど、努力していなければ運はやって来ない。あらゆる意味において、この文庫化に至る経緯は運がよかった。運がよければ、努力は、小さくひとつずつ報われる。そう実感しながら、今日を生きる。

僕にはそれしか生きる術がない。

二〇〇九年二月二四日

見城　徹

ぼくのあいする同胞とそのみじめな忍従の遺伝よ
ぼくを温愛でねむらせようとしても無駄だ
きみたちのすべてに肯定をもとめても無駄だ
ぼくは拒絶された思想としてその意味のために生きよう
うすくらい秩序の階段を底までくだる
刑罰がをはるところでぼくは睡《ねむ》る
破局の予兆がきつとぼくを起しにくるから

吉本隆明　『その秋のために』より

【初出一覧】

序章　書き下ろし

第一章　SOUL　OF　AUTHOR
傘をなくした少年　尾崎豊　『Free & Easy』二〇〇一年四月号
『誕生　BIRTH』　尾崎豊　『月刊カドカワ』一九九三年六月号
エクリチュールとステージ　尾崎豊　ファンクラブ誌『Edge of Street』一九九二年一一月
再会　尾崎豊　キリン・ラガー・クラブ Vol. 8　年月日不明
行為への渇望　石原慎太郎　『ダカーポ』二〇〇一年六月六日号
不眠症を誘う彼らの死　①安井かずみ　②山際淳司　③鈴木いづみ　④尾崎豊　⑤中上健次　『Free & Easy』二〇〇一年一一月号
ミッドサマーの刻印　①坂本龍一　②松任谷由実　③石原慎太郎　④村上龍　⑤浜田省吾　『Free & Easy』二〇〇二年六月号
「快楽」を武器に共同体に孤独な闘いを挑む作家　村上龍　『Ryu　Book』思潮社　一九九〇年九月刊
謎だらけのヴァンパイア　村上龍　『Free & Easy』二〇〇二年四月号
EXITなき広尾の店で　坂本龍一と過ごした四年　『Free & Easy』二〇〇三年二月号
芥川賞の賞金　中上健次　『ロマーニッシェス・カフェ物語』用美社　一九九五年八月刊
最後の挨拶　鈴木いづみ　『私小説』白夜書房　一九八六年九月刊
物語の夜　五木寛之　『五木寛之小説全集月報17』講談社　一九八〇年一〇月刊

スリリングな巨人の綱渡り　五木寛之『流されゆく日々③　花はどこへいった』解説　PHP研究所　一九八三年一二月刊

夏樹静子の『デュアル・ライフ』　新潮文庫解説　一九九八年二月刊

会社設立の頃　内田康夫『浅見光彦　the complete』メディアファクトリー　二〇〇六年四月刊

お茶の香り　重松清　静岡新聞　二〇〇一年四月二三日

疾走者の恍惚　大江千里『アポロ・ツアー』パンフレット　一九九〇年

著者が仕事しやすい環境作りにいかに専念するか　銀色夏生『本の雑誌』一九九一年一月号

勝者には何もやるな　ヘミングウェイ　『Free & Easy』二〇〇一年三月号

キャンティという店『キャンティ物語』幻冬舎文庫解説　一九九七年八月刊

第二章　SOUL OF EDITOR

三人の大家ときらめいている新人三人を押さえろ『編集者の学校』講談社　二〇〇一年一一月刊

自分を変えるものしか興味はない『Harvester』一九八六年第一九号

『出版幻想論』序文　太田出版　一九九四年五月刊

過去の栄光を封印し、新たなる標的に立ち向かえ！『Free & Easy』二〇〇一年二月号

見城徹はチキンハートゆえに勝つ『Free & Easy』二〇〇二年一月号

安息の地からの脱出『Free & Easy』二〇〇二年八月号

ベストセラーを生みたければ混沌《グレイ》の海に身投げしろ！『Free & Easy』二〇〇二年九月号

見城徹は小さなことにくよくよし他者への想像力を磨く『Free & Easy』二〇〇二年一二月号

四〇歳代を闘い終えて……『Free & Easy』二〇〇五年五月号

見城徹が選んだ男　マッスル小野里　『Free & Easy』二〇〇二年四月号
濃密な季節　清水南高　清水南高校創立25周年記念誌　一九八八年五月
人生の一日　五味川純平『人間の条件』　産経新聞　二〇〇五年一一月二七日
懐かしい兄よ　大島幾雄　東京二期会プログラム　二〇〇六年二月二八日
アイ・アム・ミスター・エド　『ドッグ・ワールド』二〇〇〇年一月号

第三章　SOUL　OF　PUBLISHER
常識って、僕より無謀です　『New Paradigm』NTTデータ　一九九九年夏号
見城徹の編集作法　『編集会議』二〇〇三年六月号
幻冬舎創立「闘争宣言」一九九四年三月最初の六冊刊行時に取次・書店に配布したビラ

解説――見城徹のナルシズムとエゴイズム

小池真理子

二〇〇七年二月の半ば過ぎだったと思う。見城氏をはじめとした幻冬舎の編集者たちと仕事の打ち合わせを兼ねて食事をした際、彼から一冊の本を手渡された。
「まあ、時間があったらでいいから、いつか読んでみてよ。僕の過去を凝縮させてる一冊になったし、僕自身、ちょっと気にいってるからさ」などと、さも気軽そうに言う言葉とは裏腹に、そこには「絶対に、何があっても、必ず読んでもらいたい」という気持ちが強く顕れているのが、ひしひしと感じられた。

書名の『編集者という病い』という表現が、なんとも魅力的だった。古い友人でもある見城氏自身を、そっくりそのまま体現していると思えるようなタイトルだったからだ。興味を惹《ひ》かれ、ぜひ読んでみたい、と思ったものの、彼が私あてのサインを入れてくれたその本は、しばらくの間、書斎の未読本の山の中に混ざり、そのままになった。海外取材が入るなどして、私が仕事で忙殺されていたせいである。

やっと時間に余裕ができ、本を開いたのが、その年の七月。そうか、意外にも、見城氏が自分の本を出すのは、これが初めてだったんだな、などと思いつつ読み始めてすぐに、私自身の過去の物語が炙《あぶ》り出され、彼の物語と重なった。我知らず、ぐいぐいと引き込まれた。

見城氏は私よりも二つ年上で、ほぼ同世代である。今をさかのぼること、約三十年前。私はエッセイストとして世に出たばかりの、海のものとも山のものともつかぬ、ただの小娘で、片や彼は才気あふれる作家を担当する若手文芸編集者だった。いや、すでにあの頃から、スター編集者だったと言っていい。

彼のまわりには常に、あの時代を象徴するような華やかな作家、俳優、音楽家ら、表現者たちが集まっていた。当時、テニスをして遊んだり、飲みに行ったりしていた作家の村上龍さんも、その中の一人だった。本書にもあるように、見城氏は龍さんの担当編集者でもあった。そのため、私はしょっちゅう、見城氏と顔を合わせるようになった。

そんなある日、彼は大まじめな顔をして私に、「ノンフィクションを書かないか」と言ってきた。彼一流の、編集者としての口説き文句が繰り返された。

あんなキワモノのエッセイばかり書いていてはだめだ、と説教された。「きみは、よく文章の中に『文化』という言葉を使うが、文化って何なのか、わかって書いてるのか」などと、無礼なことを聞かれたりもした。

私は「ノンフィクションではなく、小説を書きたいから」という理由で、彼の誘いを断った。その気持ちは本心からのものだったし、だいたい、失礼千万な言い方ばかりされていれば、頭にきて反発するのは自然な成り行きだっただろう。「小説は後でもいい。その前に俺と一緒にノンフィクションで勝負しよう」と言い張る彼との間に、溝ができた。他にもいくつかのつまらない誤解が重なった。彼との関係はみるみるうちに悪化した。

絶交状態になったのはその直後のことで、それが原因で、しばらくの間、彼とは疎遠にならざるを得なくなった（その前後、どんなことがあったのか、どうやって関係を修復したか、については、藤田宜永の『愛さずにはいられない』〈集英社文庫〉の巻末に加えられた藤田と見城氏との対談で詳しく語られているから、そちらを参照してほしい）。

時が流れ、再び友人としてかかわるようになった頃、彼は角川書店で『月刊カドカワ』の編集長の座についていた。そのころ私は念願の小説を書き出していて、見城氏とも小説を介し、「編集者と作家」の関係が始まるようになる。

私も彼も、信じられないほど若かったが、あの頃の気分は今もなお、何ひとつ失われることなく私たちの中にある。ただ、時間だけが過ぎ去っていったに過ぎない。

それにしても、何と膨大な時間が流れていったことか。何と途方もなく、いろいろなことが彼のみならず、この身に起こり続けたことか。

本書を読みながら、あの頃の出来事が脈絡なく、私の中に次から次へと甦《よみがえ》ってきた。

そうだ、そんなこともあった、あんなこともあった……。そういう考え方は私の中にもあったし、今もある。こういう思いは私が感じ続けてきた思いとそっくり同じだ……等々。

読み終えるなり、すぐに私は彼に手紙を書いた。電話でそんなことを話すのは照れくさかったからだ。

気恥ずかしいこと、この上ないが、パソコンに保存されたままになっている、私から彼にあてて書いた「手紙」の一部をここに引用する。

『二十代のころのあなたを知っている人間の一人として、それから長きにわたって、それこそ波瀾万丈の人生を自らの手で創り続け、一刻も休まず、誰もが羨《うらや》み、妬《ねた》むような成功を手中におさめてなお、あなた自身が書いていたように「チキンハート」との折り合いがなかなかつけられずに苦しみ、もがきながらも、また壁を突破し、共同体幻想をぶっ壊し続けてきた「見城徹」という男の人生……その実人生をこういう形で知ることになるとは思っていませんでした……』

それは掛け値なしに正直な感想だった。いいとか悪いとか、おもしろいとか、おもしろくないとか、そういったレベルを超えて、共に時代を生き抜いてきた人間に向けて抱く、熱いもの、確かな感触が本書にはあった。その感想は、本稿を書くために改めて読み直してみた今も、まったく変わっていない。

すべてにおいて、見城氏は「過剰な」男である。自意識のありようも、自己嫌悪の度合いも、優越感も劣等感も、何もかもが過剰で、本人ですら、その過剰さにうんざりしながら生きている、という印象がある。

そのうえ、彼も書いている通り、過剰なまでに臆病《おくびょう》、文字通りの「チキンハート」の持ち主であり、いつもびくびくしていて、不安神経症気味で、負の感情に満ち満ちている。彼はそんな自分自身をもてあますかのように、前へ前へと、やみくもに突っ走ろうとする。まさに、「ローリング・ストーン（転がる石）」の勢いである。

常にギリギリのところで、千切れんばかりの神経を抱えながら生きているせいなのか、時に、人を傷つけてしまうようなことを平気で口にする（私も数えきれないほど何度も経験した！）。そのくせ、そんなことを口にしてしまった自分を責め苛《さいな》む。責めすぎるあまり、身体の具合を悪くする。人から傷つけられれば、傷つけてきた相手を罵《のの》り、完膚《かんぷ》無きまでに罵倒《ばとう》し、同時に傷つけられてしまった自分の情けなさに怒りを爆発させる。

そんなふうにして、日々、彼は生きているのだろうと思う。私の知る限り、それが見城徹であり、本書『編集者という病い』の中には、そんな彼自身が正直に、あけすけに、正確に、時に露悪的に描かれている。

いったい、本書をどう定義すればいいのだろう。成功者、勝利者の人生訓のように見えて、当然のことながら、まったく種類が異なる。むろん、編集者や出版経営者を志す人々のために書かれた、ただのハウツー本ではないことは明らかなのだが、かといって、キャリアを積んだ編集者が語る文芸論、作家論の類でもない。

編集者にして経営者の……いや、一人の男の無垢《むく》な心の叫びとでも言えばいいのか。ここには見城徹が見城徹であることを証明してみせる記述だけが詰まっている。彼は本書において、自分がかかわってきた幾多の表現者を描こうとしたと思うが、結果、描かれていくのは常に彼自身となり、その雄叫びのごとく放たれる言葉の群れは、理屈を超えて読み手の心をわしづかみにしていく。

ページを繰るごとに迫ってくる見城徹という人間の、鬼気せまるようなセンチメンタリズム、ロマンティシズム、発狂寸前のような生真面目さに、私は圧倒される。彼は自分の仕事、自分の恋愛、死生観、自分自身の心の在り処……いや、そればかりではなく、生きていくための抜け目のない戦略に至るまで、ぬけぬけと真っ正直に語り続ける。

そのすべてに嘘はない。私が知っている見城徹そのものでもある。自殺したい、と書き、自殺を肯定しながら、死ぬのが怖い、と語る。老いていくこと、死んでいくことに向けた二律背反の気分が随所に満ちている。こんなに正直な男には、今も昔も、お目にかかったことがない。

おかしな言い方かもしれないが、彼が死んだら、通夜に大勢の表現者が押しかけ、彼に関するエピソードを披露し続けて、涙と笑いのひとときは三日三晩かけても終わらないのではないか、と私はいつも思っている。彼のエゴイズムとナルシズムは強烈すぎて、周囲の人々の目を眩《くら》ませるに充分なのだが、目眩ましにあった人々は皆、それぞれ、彼の心の奥深くに潜んでいる小さな、豆粒のような、本当の彼自身の姿をよく知っている。見抜いている。愛している。

とどのつまり、彼は、「表現者」として表現者にかかわってきた希有な編集者、経営者であり、同時に、自ら「見城徹」という手に負えない男を抱え、その怪物的な自己愛に溺《おぼ》れながら、いつも大まじめに「見城徹」を演じてしまうという「病い」を抱えた、永遠の少年なのだ。

JASRAC 出0902127-804

MISTER ED
Words & Music by JAY LIVINGSTON and RAY EVANS
© by JAY LIVINGSTON MUSIC, INC.
Permission granted by FUJIPACIFIC MUSIC INC.
Authorized for sale in Japan only.
MR.ED
Words & Music by Raymond Evans & Dennis de Young
© ST. ANGELO MUSIC
All rights reserved. Used by permission.
Rights for Japan administered by NICHION,INC.

この作品は二〇〇七年二月、太田出版より刊行されました。

集英社文庫　目録（日本文学）

集英社文庫　目録（日本文学）

集英社文庫

編集者《へんしゅうしゃ》という病《やま》い

2009年3月25日　第1刷
2018年12月10日　第4刷

定価はカバーに表示してあります。

著　者　見城《けんじょう》　徹《とおる》

発行者　徳永　真

発行所　株式会社　集英社
東京都千代田区一ツ橋2-5-10　〒101-8050
電話　【編集部】03-3230-6095
【読者係】03-3230-6080
【販売部】03-3230-6393（書店専用）

印　刷　中央精版印刷株式会社　株式会社美松堂

製　本　中央精版印刷株式会社

フォーマットデザイン　アリヤマデザインストア　　マークデザイン　居山浩二

本書の一部あるいは全部を無断で複写複製することは、法律で認められた場合を除き、著作権の侵害となります。また、業者など、読者本人以外による本書のデジタル化は、いかなる場合でも一切認められませんのでご注意下さい。

造本には十分注意しておりますが、乱丁・落丁（本のページ順序の間違いや抜け落ち）の場合はお取り替え致します。ご購入先を明記のうえ集英社読者係宛にお送り下さい。送料は小社で負担致します。但し、古書店で購入されたものについてはお取り替え出来ません。

© Toru Kenjo 2009　Printed in Japan
ISBN978-4-08-746418-4 C0195